Kochen
wie die Profis

Basiswissen für Einsteiger

Naumann & Göbel Verlagsgesellschaft mbH
in der VEMAG Verlags- und Medien Aktiengesellschaft, Köln
Fotos und Gesamtherstellung: Naumann & Göbel Verlagsgesellschaft mbH, Köln

ISBN 3-625-11039-3

Kochen
wie die Profis

Basiswissen für Einsteiger

Inhalt

Der Weg zum Profi

1

Die Küchenausstattung

„Ich kann nicht kochen." - Mit diesem Buch wird es Zeit, sich von diesem Ausspruch zu verabschieden. Die wenigsten Menschen haben weder ein besonderes Talent zum Kochen noch Ihre Fertigkeiten in die Wiege gelegt bekommen. Was man zum Kochen tatsächlich braucht, sind Ideen, Fantasie und manchmal Geduld. Den Rest machen Erfahrungen und vor allem gute Tipps und Tricks, erprobte Rezepte und etwas Neugierde.
Nehmen Sie den Kochlöffel selbst in die Hand und werden Sie kochaktiv! Denn kochen heißt vor allem eines: Spaß! Und dieser Spaß muss weder aufwändig noch teuer sein: Es gibt unendlich viele Möglichkeiten, den großen Hunger, den schnellen Appetit oder die Lust auf etwas Besonderes zu stillen. Und gesünder als die Frittenbude von nebenan ist Selbstgekochtes auf jeden Fall.
Aber wie soll das gelingen? Welcher Topf, welche Utensilien erleichtern die Arbeit und wie bereiten Sie Ihre Küche auf den ersten Kochakt vor? Auf all diese Fragen finden Sie hier Antwort. Denn oft sind es nur kleine Kniffe oder Tricks, die das Kochen bei anderen so leicht aussehen lassen. Und schließlich kochen selbst Meisterköche im wahrsten Sinne des Wortes auch nur mit Wasser.
Schritt für Schritt begleiten wir Sie von den ersten einfachen Gerichten bis zu kleinen raffinierten Meisterwerken. Innerhalb eines jeden Kapitels finden Sie die Rezepte von leicht bis anspruchsvoll angeordnet. So sammeln Sie mit diesem Kochbuch ein fundiertes Basiswissen, lernen den kulinarischen Fachjargon entschlüsseln und gelassen und mit Freude Gerichte zuzubereiten, die Lust auf Mehr machen. Also dann: Ran an den Speck!

Am Anfang war ... der Topf

Über eine bestimmte Grundausstattung an Töpfen, Pfannen, Messern und Co. sollte jeder Jungkoch verfügen. Das sind Anschaffungen, die zunächst nicht eben kostengünstig sind, die sich aber lohnen: Viele hochwertige Küchengeräte halten über Jahre oder begleiten Sie sogar ein Leben lang. Man sollte also nicht am falschen Ende sparen, denn eine schlechte Ausrüstung wie Töpfe und Pfannen, in denen ständig etwas anbrennt, oder stumpfe Messer können einem ganz schnell den Spaß verderben. Achten Sie also in jedem Fall auf eine gute Qualität.

Töpfe, Pfannen und Formen

Besonders bei Töpfen, Pfannen und Formen sollte auf hochwertige Ware geachtet werden. Solche Investitionen zahlen sich längerfristig in jedem Fall aus: Die Geräte sind durchdacht und praktisch konstruiert. Sie garantieren ein kurzes und damit kostengünstiges (und gesundes!) Garen. Neben dem Material spielen auch Details wie ein leitfähiger, plan geschliffener und dicker Boden, isolierte Griffe und perfekt sitzende Deckel und Ränder, die beim Aus- und Abgießen nicht tropfen, eine wichtige Rolle.
Töpfe und Pfannen aus Edelstahl sind elegant und praktisch, weil man sie direkt vom Herd auf den Tisch stellen kann. Sie sind außerdem leicht zu reinigen und sehen immer gut aus.
Das ist wichtig, viel wichtiger jedoch sind die Kocheigenschaften, insbesondere der Boden. Ein dicker Boden (bei Edelstahl aus mehreren Schichten bestehend) leitet die Wärme gut und gleichmäßig zum Gargut.
Die Griffe von Töpfen und Pfannen können aus unterschiedlichen Materialien bestehen. Kunststoffummantelte Griffe werden beim Kochen nicht heiß und man kann das Gerät ohne Topflappen anfassen. Allerdings vertragen sie in den meisten Fällen keine direkte Backofenhitze, es sei denn, sie sind speziell als „backofenfest" ausgewiesen. Die Griffe aus Edelstahl von modernen Edelstahltöpfen wurden mit kleinem Abstand zur Topfwand und einer speziellen Isolierschicht dazwischen angebracht. Sie heizen sich daher ebenfalls nicht auf. Benutzt man jedoch den Backofen, sind auch diese Griffe zu stark und lange der Hitze ausgesetzt. Generell sollte man also auf die guten alten, aber unentbehrlichen Topflappen nicht verzichten, wenn man etwas aus dem erhitzten Ofen nimmt. Denn als erste Regel beim Kochen ist zu beachten: Achtung – heiß! Dabei kann es sich um heiße Flüssigkeit, heißen Dampf, heiße Herdplatten, heißes spritzendes Fett oder heiße Geräte handeln. Vorsicht ist also immer geboten.
Auch die Deckel für Ihre neue Küchenausstattung wollen gut ausgesucht sein. Gerade für Einsteiger sind Glasdeckel ideal, weil man damit den Kochvorgang problemlos beobachten kann, ohne den Deckel anzuheben. Der Kochvorgang wird nicht unterbrochen und man kann Energie sparen.

Als Basis-Ausstattung empfiehlt es sich, ein Topf-Set wie beispielsweise folgendes 10-teiliges anzuschaffen:

- **2 Brattöpfe mit Deckeln, 16 und 20 cm Ø**
- **2 Kochtöpfe mit Deckeln, 16 und 18 cm Ø, plus**
- **1 dazu passender Siebeinsatz**
- **1 Stieltopf, 14 cm Ø**
- **1 mittelhohe Bratpfanne mit Deckel, 24 cm Ø**
- **3 Schüsseln, 14, 16 und 20 cm Ø**

Aufgrund der bereits genannten Vorteile sollten diese Töpfe und Behältnisse möglichst alle aus Edelstahl sein und mit Ausnahme der Schüsseln einen passenden Glasdeckel haben. Darüber hinaus ist eine Antihaftbeschichtung vorteilhaft, da sie das Anbrennen der Speisen vermeidet. Mit solchen Behältnissen muss jedoch sorgsam umgegangen werden, d. h. spitze Gegenstände wie Messer oder Gabeln, um in der Pfanne oder dem Topf zu rühren oder zu schneiden, sind tabu. Denn die empfindliche Beschichtung verkratzt leicht und wird dadurch zerstört. Generell sollte man nur **Pfannenwender** aus Holz oder Plastik verwenden und beim Abspülen einen einfachen Spüllappen statt scheuernder Stahlwolle oder Ähnlichem benutzen.

Über diese Ausstattung hinaus gibt es zahlreiche **Spezialtöpfe und -behältnisse**, die das Kochen bestimmter Gerichte erleichtern, die aber für die meisten Speisen nicht zwingend erforderlich sind. Für den „Fortgeschrittenen" ist die Anschaffung verschiedener großer und kleiner **Pfannen**, entweder aus Edelstahl oder beschichtet, sinnvoll. Je nach Geschmack und Lieblingsspeisen kann diese Kollektion um **spezielle Töpfe** wie z. B. für Spaghetti oder Spargel ergänzt werden. Fans von Schmorgerichten und Braten sollten sich einen großen ovalen **Bräter** anschaffen.

Lohnend besonders für Anfänger ist die Anschaffung von **Auflaufformen**. Aufläufe sind eine tolle Sache für den kulinarischen Einstieg, da sie schnell und einfach zubereitet sind. Im Ofen garen sie fast von allein und werden direkt in der Form serviert. Daher empfiehlt sich der Kauf von 2 bis 3 rechteckigen oder ovalen Formen aus Edelstahl, Keramik oder Porzellan mit zwei seitlichen Griffen. Zu diesen Formen sollten auch die passenden **Untersetzer** nicht fehlen, denn sie sind nicht nur praktisch, sondern auch dekorativ, und man kann von der heißen Kanne bis zum heißen Topf alle möglichen Küchenutensilien kurz abstellen oder auf der Tafel servieren.

Siebe, Messer und Küchenhelfer

Siebe, Durchschläge oder Seiher benötigt man zum Abgießen von Nudeln, Reis, Kartoffeln oder Gemüse, wenn der Kochsud ablaufen soll. Siebe gibt es von fein- bis grobmaschig, sie sollten funktionell und leicht zu reinigen sein. Auch hier lohnt es sich, hochwertige Geräte zu kaufen, die den Preis durch eine lange Lebensdauer auf jeden Fall erwirtschaften. Ideal sind Siebe aus Edelstahl, da sie nicht rosten, alle Teile glatt verbunden sind und sich keine Reste festsetzen können. Um dies zu vermeiden, sollte man die Geräte nach dem Gebrauch immer sofort mit heißem Wasser abspülen und trocknen.

Zu den wichtigsten Handwerkzeugen im Küchenalltag gehören die **Messer**. Ein stumpfes Messer ist das Schlimmste, was einem Koch in die Finger kommen kann. Natürlich bleibt dieses kostbare Werkzeug nicht ein Leben lang scharf, wie es uns die Werbung und die Hersteller weismachen möchten. Hin und wieder muss schon nachgeschliffen werden, aber bei hochwertigen Geräten und sachgemäßer Pflege hält ein gutes oder sehr gutes Messer zu einem entsprechenden Preis schon das, was es verspricht.
Messer, ob groß oder klein, sollten immer aus geschmiedetem, gehärtetem und rostfreiem Stahl sein. Die Klinge sollte bis zur Hälfte (oder mehr) im Griff versenkt und mindestens mit 2 bis 3 Nieten fest mit dem Griff verbunden sein. Die Griffe sollten ergonomisch geformt sein und gut in der Hand liegen.
Ein **Messerblock** zur Aufbewahrung verschiedener Typen von Messern sieht nicht nur gut aus, sondern hat auch einen sehr hohen praktischen Nutzen – die Klingen werden nicht so schnell stumpf, weil sie nicht mit anderen in Berührung kommen.
Mit **Wetzstahl** können Sie Ihre Messer bei Bedarf selbst schärfen.

Für den Anfang genügt ein Satz von 6 bis 7 Messern mit verschiedenen Klingen und in unterschiedlichen Größen:

- **1 Fleischmesser zum Aufschneiden von Braten, Wurst, Fleisch, Geflügel u. Ä.**
- **Je 1 großes und kleines Schlagmesser zum Spalten und Halbieren von Fisch und Fleisch (auch mit Knochen) und zum Hacken von Kräutern**
- **1 Wellenschliffmesser zum Brotschneiden**
- **2 bis 3 kleine Schäl- bzw. Küchenmesser für allgemeine Vorbereitungen wie schälen, schneiden etc.**

Sehr praktisch sind die unterschiedlichen **Küchenhelfer**, die es heute in einer ausufernden Anzahl in allen Preislagen in den Geschäften zu kaufen gibt. Nicht alles davon bringt den zusätzlichen Nutzen, den diese teilweise sehr speziellen Geräte versprechen, man kann daraus aber auch eine Leidenschaft machen. Küchengeräte können sehr edel aussehen und geben ganz hervorragende Geburtstagsgeschenke ab. Wünschen Sie sich zu Ihrem Festtag doch einmal schöne Küchen-Accessoires und lassen Sie so Ihre Sammlung mit Ihren Kochkünsten wachsen.

Wer gerne und oft Gemüse zubereitet, sollte **Schäler und Sparschäler** zum einfachen Schälen von Kartoffeln und Gemüse zu seinem Sortiment hinzufügen.

Obst und Gemüse kann man nicht nur mit dem Messer klein kriegen, sondern auch mit **Reiben, Raspeln** oder Hobeln. Ein Satz stabiler, scharfer, standfester und leicht zu reinigender Reiben wird dafür benötigt.

Feinschmecker und solche, die es werden wollen, legen sich darüber hinaus eine **Muskatreibe** zu, für die mit dem fertigen Pulver nicht zu vergleichende frisch geriebene Muskatnuss.

Zu den täglichen Arbeitsgeräten in der Küche gehören außerdem eine **Universalschere**, die auch hin und wieder dünne Knochen durchtrennen können muss, **Holzlöffel** zum Umrühren, **Schaumlöffel** zum Herausheben und **Saucenlöffel** zum Begießen. Häufig gebraucht werden auch **Metall- und Gummispachtel** zum Umrühren bzw. Auskratzen, ein stabiler **Schneebesen** aus Metall mit elastischen und gut am Stiel befestigten Drahtschlaufen. Auch hier ist Gutes nicht ganz billig, aber die Lebensdauer und die Belastbarkeit etwas teuerer Modelle sind dennoch ein überzeugendes Argument. Die **Fleischgabel** und die **Zitruspresse** zum Auspressen von Zitrusfrüchten kommen je nach Kochgewohnheiten mehr oder weniger zum Einsatz, gehören jedoch zu einer gut eingerichteten Küche.

Für Pizza-Fans ist die Investition in spezielle, antihaft-beschichtete **Backbleche** und in ein **Pizza-Rädchen**, das schnell und mühelos passende Portionen schneidet, durchaus lohnend.

Ein elektronischer **Pürierstab** ist einfach zu handhaben und problemlos zu reinigen. Er ist eine oftmals ausreichende Alternative zu Handrührgeräten und Universalküchengeräten.

Dosen zum Aufbewahren und Frischhalten gibt es in allen Größen, Formen, Farben und in allen Preislagen. Die Auswahl liegt hier ganz bei Ihnen, da sie alle den gleichen Zweck erfüllen.

Wer nach einiger Zeit oder schon von Anfang an sein Herz für knusprige Köstlichkeiten entdeckt, für den ist eine **Fritteuse** ein unbedingtes Muss. Das Fassungsvermögen einer Fritteuse richtet sich nach der Haushaltsgröße und der Geselligkeit des Kochs. Die Technik der modernen Fritteusen ist sehr ausgereift und unterscheidet sich von Modell zu Modell kaum, so dass sie alle sauber, fast geruch- und dampflos arbeiten und problemlos zu reinigen sind.

Die Kräuter

Die richtige Würze

Kräuter und Gewürze geben einer Speise erst das ganz besondere Aroma. Außerdem sind sie gesund, denn sie sind reich an Vitaminen und helfen, Salz zu sparen. Manche Kräuter oder Gewürze haben eine heilende Wirkung, andere sind einfach nur wohltuend: Einige regen den Appetit und den Stoffwechsel an, andere fördern die Verdauung. Und mehr noch: Sie bringen Frische in die Küche und duften nach Frühling und Sommer, nach Mittelmeer oder dem Fernen Osten.

In Fachkreisen streitet man sich noch immer, ob ein Kraut gleichzeitig ein Gewürz und umgekehrt sein kann. Für den Anfang genügt jedoch zu wissen: Kräuter sind die meistens frisch verwendeten Blätter und blattähnlichen Teile der Gewürz- und Küchenkräuter.

Gewürze sind getrocknete Pflanzenteile wie Blätter, Samen, Schoten, Früchte, Wurzeln u. Ä. von Gewürzbäumen oder -sträuchern.

Küchenkräuter können problemlos auf der Fensterbank, auf dem Balkon oder im Garten gezogen werden. Ein blühendes Küchenkraut ist ein Paradies für Insekten, ein Genuss für Auge und Nase und ein individueller, duftender Tischschmuck. Für das beste Aroma sollten die Blättchen allerdings vor der Blüte geerntet werden.

Die folgende kleine Übersicht stellt die wichtigsten Küchenkräuter mit ihren geschmacklichen Charakteristika vor und gibt Tipps, mit welchen Gerichten sie am besten harmonieren.

Basilikum

Basilikum hat einen pfeffrig-würzigen und zugleich süßlichen Geschmack und verleiht Gerichten eine besondere italienische Note. Am besten passt Basilikum zu Gerichten mit Gemüse wie Tomaten, Auberginen und Paprika, aber auch in einen frischen Sommersalat.

Bohnenkraut

Bohnenkraut hat einen feinen, pfefferartigen Geschmack und ist das Würzkraut für alle Bohnengerichte. Es gibt aber auch Kohl-, Lamm- und Pilzgerichten sowie Salaten und Eintöpfen einen ganz besonderen Geschmack.

Dill

Dill ist ein feines Kraut für Fisch und Meeresfrüchte, helle Saucen und Kalbsfleisch.

Estragon

Estragon hat einen pikant-herben, ziemlich intensiven Geschmack und sollte deshalb sparsam dosiert werden. Er gibt Saucen, Suppen, Salaten, Fleisch- und Geflügelgerichten einen unverwechselbaren Geschmack.

Kerbel

Kerbel sollte immer frisch verwendet werden, denn nur dann kommt das süßlich-herzhafte Aroma in Salaten, Suppen, grünen Saucen, Kräuterbutter oder Dips richtig zur Geltung.

Knoblauch

Knoblauch ist der König unter den Gewürzen, denn diese Lauchart hat eine sehr starke Würzkraft, die vielen Speisen erst den richtigen Pfiff gibt. Besonders die südliche Küche kommt kaum ohne ihn aus. Knoblauch sollte möglichst immer frisch verwendet werden.

Liebstöckel

Liebstöckel ist auch unter dem Namen Maggikraut bekannt und ein fast vergessenes Exemplar aus alten Bauerngärten. Dieses aromatisch-duftende Kraut erinnert im Geschmack an die gleichnamige Suppenwürze und wird in gemischten Kräutersträußchen angeboten.

Koriandergrün

Koriandergrün ist ein Muss in der neuen Multikulti-Küche und ganzjährig im Handel frisch erhältlich. Der scharf-pikante anisähnliche Geschmack wird in der Tex-Mex- und in der Asien-Küche oftmals verwendet.

Majoran

Majoran ist mit seinem pikant-bitteren Geschmack eines der klassischen Gewürze, das Wurst, Hackfleisch, Kartoffeln, Leber und Gänsebraten ein ganz eigenes Aroma gibt. Majoran kann gut getrocknet verwendet werden, denn er verliert durch das Trocknen kaum an Würzkraft.

Oregano

Oregano ist der italienische Verwandte unseres Majorans. Sein herbes Aroma zaubert Ihnen die italienischen Momente des Lebens auf den Teller.

Petersilie

Petersilie ist das bekannteste unserer Kräuter und gibt jeder Speise das gewisse Etwas. Die glatten Blättchen sind etwas aromatischer als die krausen.

Rosmarin

Rosmarin ist herb, würzig und sehr dominant. Er verträgt sich daher nicht mit anderen Gewürzen und sollte sparsam verwendet werden. Geflügel, Wild und Lamm bekommen mit Rosmarin eine besondere geschmackliche Note.

Schnittlauch

Schnittlauch wird nur frisch verwendet und kurz vor dem Anrichten über das Gericht gestreut. Er schmeckt leicht nach Zwiebel und passt wie die Petersilie zu jedem Gericht.

Salbei

Salbei lindert Halsschmerzen auf natürlichem Wege. Es würzt kraftvoll alle Kalbs-, Lamm-, Geflügel-, Leber- und Fischgerichte und blüht in tief-blau-violetten Blüten.

Thymian

Thymian liegt geschmacklich zwischen Bohnenkraut und Majoran. Das herb-würzige Kraut ist auch Bestandteil von Kräuter der Provence-Mischungen.

Zitronenmelisse

Zitronenmelisse hat einen frischen zitronenähnlichen Geschmack, der sehr gut zu hellem Fleisch, Fisch, Salaten und Desserts passt.

Die Gewürze

Gewürze hatten schon immer einen Geschmack von Freiheit, Abenteuer und fremden Ländern. Mittlerweile ist der Gewürzhandel kein abenteuerliches und gefährliches Unternehmen mehr. Auch sind glücklicherweise die Zeiten vorbei, in denen die würzigen Pülverchen mit Gold aufgewogen wurden und sich nur der Reiche eine gut gewürzte Speise leisten konnte. Heute finden wir ganz selbstverständlich alle Wohlgerüche der Welt im gut sortierten Fachhandel. Portioniert, aromageschützt und in verschiedenen Geschmacksnuancen. Jederzeit können wir uns einen Hauch Exotik oder einfach interessante und abwechslungsreiche Aromen in die Küche holen.

Gut, interessant und ausgefallen würzen ist eine wahre Kunst. Lernen Sie im Folgenden die wichtigsten Gewürze und ihre Eigenschaften kennen, mit denen Sie Ihren Gerichten eine ganze Bandbreite von Aromen entlocken können:

Cayennepfeffer

Cayennepfeffer ist ein teuflisch scharfes Gewürz, das aus gemahlenen, kleinen Pfefferschoten hergestellt wird. Man sollte es sparsam dosieren.

Chilipulver

Chilipulver hat als Grundlage den oben genannten Cayennepfeffer, der um gemahlenes Koriander-, Knoblauch- und Oreganopulver ergänzt wird. Chilipulver ist das Leib- und Magengewürz der mexikanischen Küche, z. B. eines feurig-scharfen Chili con carne.

Curry

Curry ist eine asiatische Gewürzmischung aus mindestens zehn verschiedenen Gewürzen wie z. B. Zimt, Nelken, Kümmel, Kurkuma, Ingwer und Pfeffer. In Asien stellt sich fast jede Hausfrau ihre eigene Mischung selbst her. Bei uns wird das gelblich-braune Pulver in verschiedenen Schärfen angeboten.

Ingwer

Ingwer ist frisch als Wurzel oder auch als Pulver im Handel erhältlich. Er hat einen scharf-aromatischen Geschmack und gibt allen Gerichten ein asiatisches Flair.

Kapern

Kapern sind die herb-würzigen Beeren des rund ums Mittelmeer heimischen Kapernstrauches. Beispielsweise Königsberger Klopse müssen in der Sauce unbedingt Kapern haben.

Kümmel

Kümmel macht Schweinefleisch, Kohlgerichte und fette Speisen bekömmlich und prägt mit seinem intensiven Geschmack jedes Gericht. Beim Kümmel ist es wie mit dem Knoblauch, entweder man mag ihn sehr oder gar nicht.

Muskatnuss

Muskatnuss wird am besten immer frisch gerieben. Die haselnussgroße, sehr harte, braun-silberne Nuss hat einen intensiven Geschmack und gibt Hühnergerichten und Gemüse einen besonderen Pfiff.

Nelken

Nelken geben besonders Wildgerichten einen aromatisch-pikanten Geschmack. Nelken entfalten auch in Marinaden und Fonds ihr tolles Aroma.

Paprika

Paprika ist ein mehr oder weniger scharfes rotes Pulver und das Grundgewürz der ungarischen Küche. Basis für dieses Würzpulver sind die roten Paprikaschoten.

Pfeffer

Pfeffer ist neben Salz das Universalgewürz schlechthin. Weißer Pfeffer ist etwas milder, schwarzer Pfeffer etwas kräftiger im Geschmack.

Wacholderbeeren

Wacholderbeeren haben einen typischen Gin-Geschmack. Das kräftige, eigenwillige Aroma passt gut zu Wild und Kraut. Die braunen getrockneten Beeren werden mitgegart und vor dem Servieren entfernt.

Der Einkauf

EUR
FRUECHTETRAUM 4002221655218 2.45
SWEET MINT DRA 4009900367011 0.66
MISTER TOM 2ER 4021700800109 0.55
PRO CULT BANAN 40858654 0.46
ALIVE JOGHURT 4056700211389 0.69
KAESEAUFSCHNIT 4388840024506 1.53
TRUTHAHN-BRUST 4000582345199 1.59
FRU.JOGHURT 3, 4040600033905 1.07
PFAND 1 0.15
BROTAUFSTRICH 4000400066176 1.35
SESAMK.NAECKEBR 4388440300000 0.34
0.258kg x EUR2.99/kg 0.77
5758
1.02
0.66
1.11
0.88
0.99
TRAGETASCHE 4009189538690 0.10
POSTEN 18
SUMME 20.36
9127 0706/008/112 27.02. 13:41 VA-00
Mo.-Fr. 08.00-20.00
Samstag 08.00-16.00
Schoen, dass Sie bei uns waren!

Der clevere Einkauf – die effektive Vorratshaltung

Einkaufen ist ebenso wie das Kochen einfacher, wenn man es gut organisiert hat und gezielt vorgeht. Vor allen Dingen benötigt man zum Einkaufen jedoch eines: einen vollen Magen. Wer hungrig einkauft, neigt dazu, überhastet und willkürlich seinen Wagen zu beladen und sich für möglichst viele Leckereien zu entscheiden. Nicht selten hat man die wichtigsten Dinge am Ende dann doch vergessen.

Es bietet sich an, stufenweise vorzugehen:

- ➔ Entscheiden Sie sich, mit welchen Gerichten Sie sich die nächsten Tage verwöhnen wollen. Haben sich Gäste angekündigt?
- ➔ Kühlschrank und Speisekammer checken, was noch da ist und was aufgefüllt werden muss.
- ➔ Im Tiefkühlfach und im Kühlschrank nachsehen, was eventuell schnellstens verwendet werden muss. Platz für Sonderangebote schaffen. Einige Halbfertig- und Fertiggerichte einfrieren für Überraschungsgäste!
- ➔ Einkaufszettel schreiben und gut gestärkt und mit Muße zum wöchentlichen Einkauf aufbrechen.
- ➔ Unter der Woche nur schnell Brot, Backwaren, frisches Obst und Gemüse kaufen. Darauf achten, dass sich Frischware im Kühlschrank nur einige Tage hält.

Ein guter Vorrat ist viel wert. Raum ist auch in der kleinsten Küche, um eine effektive Vorratshaltung zu betreiben. Hier eine kleine Übersicht, welche Zutaten man immer im Haus haben sollte, um sich schnell und mit wenig Aufwand ein köstliches Mahl zubereiten zu können.

Grundsätzliches

- Salz
- Pfeffer, schwarzer und weißer
- Zucker, am besten Rohrzucker
- Mehl wie Vollkorn- und Weizenmehl
- Nudeln, Reis, Kartoffeln
- Bulgur, Couscous, Hirse, Graupen
- Getrocknete Hülsenfrüchte wie Linsen, Erbsen und Bohnen sind die alten und neuen Fitnessstars und lassen sich immer wieder abwechslungsreich zubereiten. Sie sind reich an Eiweiß, Kohlenhydraten, Vitaminen sowie Mineral- und Ballaststoffen.
- Essige wie Weinessig, Balsamico-Essig, Himbeeressig
- Öle für Salate und zum Garen wie Sonnenblumen- und Olivenöl, nach Geschmack Chili-, Erdnuss- oder Walnussöl

Frische Produkte

- Butter, Eier
- Käse wie Gouda oder Schimmelkäse am Stück; gehobelten Pizzakäse oder geriebenen Emmentaler zum Überbacken gibt es fertig zu kaufen, sie ersparen viel Arbeit und lassen sich auch prima einfrieren.
- Gemüse und Obst – für den kleinen Geldbeutel empfiehlt es sich, mit den Jahreszeiten zu speisen: Achten Sie also auf saisonale Angebote!
- Nüsse und Samen wie Walnüsse und Haselnüsse in geriebener Form und als Blättchen, Sonnenblumen- und Kürbiskerne
- Haferflocken

Fertigprodukte (FP)

- Fonds bzw. Brühen wie Gemüsebrühe, Rinderfond, Geflügel- und Fischfond
- Pflanzliche Saucenbinder
- Fertige Suppen
- Gemüsekonserven wie Mais, Gewürzgurken, Mixed Pickles oder Rote Bete aus dem Glas oder aus der Dose
- Obstkonserven wie Ananas, Lychees, Mandarinen und Pfirsichhälften
- Getrocknete Kräuter wie Majoran, Oregano, Rosmarin und Thymian
- Instant-Kartoffelpulver

Tiefkühlprodukte (TK)

Tiefgekühlte Produkte sind oft preiswerter als frische Ware, z. B. Meeresfrüchte. Darüber hinaus sind sie von guter Qualität. Achten Sie beim Einkauf unbedingt auf das Mindesthaltbarkeitsdatum und transportieren Sie alle Produkte in einer Thermotasche, die ebenfalls im Handel erhältlich ist, um die Kühlkette nicht zu unterbrechen.

- Gemüse wie Erbsen, Möhren, Brokkoli und Rosenkohl
- Kräuter wie Schnittlauch, Petersilie und Mischungen wie 8-Käuter-Mischung oder italienische Kräuter
- Obst wie Himbeeren, Johannis- und Blaubeeren
- Fisch wie Meeresfrüchte, Fischfilets und Shrimps
- Fleisch und Geflügel – kann auch frisch gekauft werden, was aber eine genaue Planung voraussetzt, denn es sollte nicht lange gelagert werden. Hackfleisch beispielsweise sollte auf jeden Fall am gleichen Tag verarbeitet werden. TK-Produkte sind qualitativ hochwertig und können teilweise monatelang gelagert werden.

Das Küchen-ABC

Erste Hilfe

Angebrannt:

Speise auf keinen Fall umrühren, sondern vorsichtig, am besten löffelweise in einen anderen Topf geben. Topf sofort einweichen und mit Spülmittel oder Schmierseife aufkochen. Auf keinen Fall versuchen, das Angebrannte mit scharfen Gegenständen vom Topfboden zu kratzen.

Versalzen:

Etwas Instant-Kartoffelmehl einrühren oder Sahne, Schmand bzw. Joghurt in die nicht mehr kochende Speise geben. Das Kartoffelmehl einige Minuten mitkochen.

Zu dünn:

Suppe oder Sauce mit Fix-Saucenbinder andicken. Abschmecken und bei Bedarf nachwürzen.

Zu dick:

Suppe oder Sauce mit heißem, fertig zu kaufenden Fond verdünnen. Vorsichtig unter Rühren dazugeben, damit sie nicht wieder zu dünn wird.

Tipps und Tricks

Alufolie ist ein toller Küchenhelfer. Man kann darin Garen, Grillen, empfindliche Teile beim Braten abdecken und den Rest aufwärmen. Außerdem verwendet man sie, um Gefäße zum Aufbewahren perfekt zu verschließen. Bei sorgfältiger Handhabung und stabiler Folie lässt sie sich auch mehrmals verwenden, da sie keine Gerüche annimmt.

Eier sollte man sicherheitshalber immer einzeln in Tassen aufschlagen und dann erst zur Speise geben. So kann man schlechte Eier frühzeitig aussortieren und eine abgebrochene Eierschale vor dem Dazugeben entfernen.

Frische **Champignons** sollte man sofort nach dem Schneiden mit Zitronensaft beträufeln, dann bleiben sie schön weiß. Dies gilt auch für Äpfel, Knollensellerie und Avocados.

Kräutersträußchen oder **Gewürze**, die nach dem Kochen entfernt werden sollen, am besten in ein Mullsäckchen oder in ein Tee-Ei geben.

Reste aus geöffneten **Konservendosen** in ein anderes Gefäß geben und nicht länger als einen Tag im Kühlschrank aufbewahren.

Mandeln mit kochendem Wasser überbrühen, dann lassen sie sich leicht schälen.

Tomaten kreuzweise einritzen, überbrühen und abschrecken, damit man problemlos die Haut abziehen kann.

Bei **Nachtschattengewächsen** wie Tomaten, Auberginen oder Paprika immer den Stielansatz herausschneiden, denn die grünen Teile dieser Pflanzen sind giftig.

Gekochte **Rote Bete** nur mit Handschuhen weiterverarbeiten, da das Gemüse einen starken Farbstoff enthält.

Fleisch oder geräucherter Speck lässt sich problemlos in dünne Scheiben schneiden, wenn man ihn vorher kurz anfrieren lässt.

Tiefgekühlte Ware nur in den dafür vorgesehenen Eisfächern aufbewahren, die durch eine entsprechende Anzahl von Sternen ausgewiesen sind. In einem Kühlfach mit nur einem Stern kann man selbst Tiefkühlprodukte meist nur ein oder zwei Tage aufbewahren.

Einfrieren spart Zeit und wappnet für den Überraschungsbesuch. Kochen Sie von Eintöpfen, Ragouts, von Gulasch oder Braten mit Sauce immer etwas mehr und frieren Sie den Rest portionsweise ein.

Das kleine Küchen-ABC

Ablöschen:
Zu Angebratenem etwas Flüssigkeit geben. Vorsichtig und langsam vorgehen, es kann spritzen.

Abschmecken:
Die Gerichte nach Ihrem ganz individuellen Geschmack würzen. Beim Probieren: Achtung heiß!

Abschrecken:
Gekochtes Gemüse mit kaltem Wasser begießen. Es behält so eine kräftige Farbe.

Anbraten:
Fleisch bei hoher Hitze anbraten. Dabei schließen sich die Poren und das Fleisch bleibt schön saftig.

Ausbacken:
Auch Frittieren: die Speisen in heißem Fett garen.

Binden:
Andicken von Saucen oder Suppen. Mit einem fertig zu kaufenden Saucenbinder, Stärkemehl, Mehl, Eigelb, Sahne oder Sauermilchprodukten.

Braten:
Garen in heißem Fett in der Pfanne.

Blanchieren:

Gemüse in kochender Flüssigkeit kurz ziehen lassen und dann abschrecken.

Dämpfen:

Garen in Dampf in einem Spezialtopf mit Einsatz.

Gratinieren:

Kurzes Überbacken im Backofen oder unter dem Grill.

Dünsten:

Garen im eigenen Saft oder mit wenig Flüssigkeit bei geringer Hitze und im geschlossenen Topf.

Marinieren:

Zutaten in einer gewürzten, säuerlichen Flüssigkeit abgedeckt eine bestimmte Zeit ziehen lassen. Die Marinade macht Fleisch, Geflügel, Fisch und Gemüseteile mürbe und verkürzt die Garzeit, z. B. beim Grillen.

Panieren:

Zutaten vor dem Braten oder Frittieren zuerst in Mehl, dann in verquirltem Ei und zuletzt in Paniermehl wenden. So bekommt die Speise eine goldbraune, knackige Kruste und behält einen zarten Kern.

Schmoren:

Angebratene Speisen mit Flüssigkeit bei milder Hitze im geschlossenen Topf oder Bräter auf dem Herd oder im Backofen garen.

Lebensmittel und ihre Zubereitung

Richtig und abwechslungsreich kochen heißt auch alle Möglichkeiten optimal zu nutzen, die in den Lebensmitteln stecken. Die folgenden Tabellen zeigen, welche Verwendungsarten zur Zubereitung für Obst, Gemüse, Fleisch und Fisch am besten geeignet sind. In den folgenden Kapiteln des Buches finden Sie entsprechende Rezepte.

Gemüse	Roh	Braten	Kochen	Dünsten/ Schmoren	Grillen
Auberginen		✗			✗
Avocados	✗				
Blumenkohl	✗		✗		
Bohnen			✗	✗	
Broccoli			✗		
Champignons	✗	✗		✗	✗
Chicorée	✗			✗	
Chinakohl	✗			✗	
Erbsen	✗		✗	✗	
Fenchel	✗		✗	✗	
Grünkohl				✗	
Gurken	✗	✗		✗	✗
Kartoffeln		✗	✗		✗
Kohlrabi	✗	✗		✗	
Mais	✗	✗	✗	✗	✗
Mangold			✗	✗	
Möhren	✗	✗	✗	✗	
Paprika	✗	✗		✗	✗
Porree	✗		✗	✗	
Rosenkohl			✗	✗	
Rote Bete	✗		✗		

Rotkohl	✗		✗	✗	
Schwarzwurzel			✗		
Sellerie	✗	✗	✗		
Sojasprossen	✗			✗	
Spargel	✗		✗	✗	
Spinat			✗	✗	
Staudensellerie	✗		✗		
Steckrüben	✗	✗	✗		
Tomaten	✗	✗		✗	✗
Weißkohl	✗		✗	✗	
Wirsing	✗		✗		
Zucchini	✗	✗		✗	✗
Zwiebeln	✗	✗		✗	✗

Obst	Roh	Braten	Kochen	Dünsten/ Schmoren	Grillen
Ananas	✗			✗	✗
Äpfel	✗	✗	✗	✗	✗
Aprikosen	✗		✗	✗	
Bananen	✗	✗			✗
Birnen	✗	✗	✗	✗	✗
Blaubeeren	✗		✗		
Erdbeeren	✗		✗		
Himbeeren	✗		✗		
Johannisbeeren	✗		✗		
Kirschen	✗		✗		
Kiwi					

Kürbis	✗	✗	✗	✗	✗
Melonen	✗				
Orangen	✗			✗	
Pfirsiche	✗		✗		✗
Pflaumen	✗		✗	✗	
Stachelbeeren	✗		✗		
Rhabarber	✗		✗		
Zitronen	✗				

Fleisch und Geflügel	Roh	Braten	Kochen	Dünsten/ Schmoren	Grillen
Hase/Kaninchen		✗	✗	✗	
Hirsch		✗	✗	✗	
Kalb	✗	✗		✗	✗
Lamm		✗	✗	✗	✗
Reh		✗		✗	
Rind	✗	✗	✗	✗	✗
Schwarzwild		✗	✗	✗	
Schwein	✗	✗	✗	✗	✗
Ente		✗	✗	✗	
Fasan		✗	✗	✗	
Gans		✗	✗	✗	
Huhn		✗	✗	✗	✗
Pute		✗	✗	✗	✗

Fisch und Meeresfrüchte	Roh	Braten	Kochen	Dünsten/ Schmoren	Grillen
Aal		✗	✗	✗	✗
Austern	✗	✗			✗
Dorade	✗	✗	✗	✗	✗
Forelle		✗	✗	✗	✗
Goldbarsch		✗	✗		✗
Hecht		✗	✗	✗	
Heilbutt		✗	✗	✗	
Hering	✗	✗		✗	✗
Hummer			✗		✗
Kabeljau		✗	✗	✗	✗
Karpfen		✗	✗	✗	
Kaviar	✗				
Krabben		✗	✗	✗	
Krebse		✗	✗	✗	✗
Lachs	✗	✗	✗	✗	✗
Languste		✗	✗		✗
Leng		✗	✗	✗	
Muscheln		✗	✗	✗	✗
Rotbarsch		✗	✗		✗
Saibling				✗	✗
Sardine		✗		✗	✗
Scampi		✗	✗	✗	✗
Schellfisch		✗	✗	✗	✗
Seelachs		✗	✗	✗	
Seeteufel				✗	✗
Seezunge		✗	✗		✗

Einen Anfang machen

Salate, Snacks und Fingerfood: ein kleines Intermezzo zwischendurch, knackig-frische Sommerfreuden oder leckere Appetithappen für das Partybuffet. Auch mit wenig Aufwand ist schnell und kinderleicht etwas gezaubert. Wir zeigen Ihnen unkomplizierte Gerichte, auf deren Basis Ihrer Raffinesse und Kreativität keine Grenzen gesetzt sind.

Kartoffelsalat

400 g fest kochende Kartoffeln
1 Tl Kümmelkörner
1 El grobes Salz
1 Bund Radieschen
7 El Mayonnaise
250 ml Buttermilch
1/2 Tl Zucker
1 El Zitronensaft
2 mittelgroße Gewürzgurken aus dem Glas
150 g Gemüsemais aus der Dose
1/2 Bund Dill
1/2 Tl Kräuter der Provence
Pfeffer

Dill zum Garnieren

Zubereitungszeit: ca. 40 Minuten
Pro Portion ca. 335 kcal/1409 kJ

TIPP

Kartoffeln haben verschiedene Kocheigenschaften. Man unterscheidet zwischen fest kochenden, mehlig kochenden und weich kochenden Kartoffeln. Die fest kochenden Sorten eignen sich sehr gut für Pellkartoffeln und für Kartoffelsalate. Fragen Sie beim Einkauf einfach nach.

1. Die Kartoffeln gründlich waschen und in einen Topf mit Wasser geben. Die Kümmelkörner und das Salz dazugeben und alles bei milder Hitze ca. 20 Minuten köcheln lassen.

2. Die Radieschen waschen, das Grün fein hacken und die Knollen in Scheiben schneiden. Die Mayonnaise mit der Buttermilch in einer Schüssel verrühren. Zucker und Zitronensaft unterheben.

3. Gurken und Mais in einem Sieb abtropfen lassen, Gurken in Stücke schneiden. Die Kartoffeln abgießen, abkühlen lassen, pellen, in Scheiben schneiden und mit dem Gemüse in eine Schüssel geben.

4. Die fein gehackten Kräuter unter die Mayonnaise heben und mit Salz und Pfeffer abschmecken. Mit dem Salat vermengen und ca. 10 Minuten ziehen lassen. Auf Tellern anrichten und mit Dill garnieren.

Pellkartoffeln mit Dips

900 g kleine neue Kartoffeln
2 Tl Kümmelkörner
2 El grobes Salz
5 El Schmand
300 g Tomatenketchup
2 El Chilisauce
Salz, Pfeffer
Knoblauchpulver
1 Schuss Tabasco
150 g Rote Bete aus dem Glas
200 g Frischkäse
3 El Sahne
4 El Sahnemeerrettich
1/2 Bund Dill
1/2 Tl Zucker

Zubereitungszeit: ca. 30 Minuten
Pro Portion ca. 425 kcal/1785 kJ

1. Die Kartoffeln gründlich waschen. Nur einwandfreie Kartoffeln ohne faule oder kleine grüne Stellen verwenden. Die Kartoffeln in einen Topf mit Wasser geben.

2. Den Kümmel und das Salz dazugeben. Alles bei milder Hitze ca. 20 Minuten köcheln lassen. Inzwischen Schmand, Ketchup und Chilisauce verrühren und mit den Gewürzen und Tabasco abschmecken.

3. Die Rote Bete in einem Sieb abtropfen lassen und dann in kleine Würfel schneiden. Den Frischkäse mit der Sahne verrühren. Sahnemeerrettich und klein gehackten Dill unterrühren.

4. Das Ganze mit Zucker, Salz und Pfeffer abschmecken. Die Rote Bete-Würfel unterheben. Die Kartoffeln abgießen und kurz abschrecken, damit sie sich besser pellen lassen. Die Kartoffeln schälen und mit den Dips servieren.

Frischer Nudelsalat

250 g Spaghetti
Salz
1 El Olivenöl
100 g Kirschtomaten
1 gelbe Paprikaschote
150 g Emmentaler
4 Stangen Staudensellerie
100 g Italienische Kräuter (TK)
125 ml Olivenöl
4 El Obstessig (z.B. Apfelessig)
Pfeffer
Paprikapulver

Zubereitungszeit: ca. 35 Minuten
Pro Portion ca. 631 kcal/2651 kJ

1. Die Nudeln nach Packungsanweisung in leicht gesalzenem Wasser ca. 10 Minuten kochen. Das Öl dazugeben, damit die Nudeln nicht verkleben.

2. Inzwischen die Tomaten waschen, halbieren und in schmale Spalten schneiden. Die Paprika waschen, längs halbieren, entkernen und in Streifen schneiden. Den Käse ebenfalls in Streifen schneiden.

3. Nach Ende der Kochzeit die Nudeln in einem Sieb abgießen und abschrecken. Anschließend gut abtropfen und abkühlen lassen.

4. Die Selleriestangen putzen, waschen und in Stücke schneiden. Die Nudeln mit dem Gemüse in eine Schüssel geben und vermengen. Die aufgetauten Kräuter mit dem Öl und dem Obstessig verrühren.

5. Mit Salz, Pfeffer und Paprika kräftig abschmecken. Die Sauce über die Salatzutaten geben, alles vermengen und ca. 10 Minuten durchziehen lassen. Den Salat auf Tellern anrichten.

Schneller Geflügelburger

2 feste Mangos
4 schöne Eichblatt-salatblätter
4 El Ingwermarmelade
4 El saure Sahne
1/2 Tl Cayennepfeffer
1/2 Tl Knoblauchpulver
1/2 Tl Korianderpulver
8 Scheiben Vollkorntoast
100 g Pfefferbutter
350 g geräucherte Putenbrust am Stück (Aufschnitt)

Frisches Basilikum zum Garnieren

Zubereitungszeit: ca. 20 Minuten
Pro Portion ca. 519 kcal/2182 kJ

1. Die Mangos schälen, halbieren, den Kern entfernen und das Fruchtfleisch in Scheiben schneiden. Die Salatblätter waschen und trocknen.

2. Die Marmelade mit der Sahne verrühren und mit Cayennepfeffer, Knoblauch und Korianderpulver würzen. Das Toastbrot toasten, etwas abkühlen lassen und mit der Pfefferbutter bestreichen.

3. Den Aufschnitt in vier dickere Scheiben schneiden. Die bestrichenen Toastscheiben paarweise auf einer Arbeitsplatte auslegen. Jeweils eine Brotscheibe mit einem Salatblatt belegen.

4. Dann jeweils eine Scheibe Putenfleisch darauf anrichten und mit etwas Ingwercreme bestreichen. Die Mangos dachziegelartig darauf verteilen, mit der zweiten Toastscheibe belegen, andrücken und mit Basilikum garnieren.

TIPP

Mangos sind neben Ananas und Bananen die bei uns beliebtesten Tropenfrüchte. Sie werden das ganze Jahr über frisch angeboten. Beim Einkauf ist darauf zu achten, dass die Frucht reif und duftend ist und auf Fingerdruck nachgibt.

Papayasalat à la Mandalay

2 Papayas
7 kleine getrocknete rote Chilischoten
120 g Thai-Soi
50 g Schlangenbohnen
3 El Erdnussöl
2 El ungesalzene Cashewkerne
1 Tl Garnelenpaste
3 El Zitronensaft
1 El gehackter Palmzucker
1 El Fischsauce (FP)
2 El Kokosmilch
12 Kirschtomaten

Zubereitungszeit: ca. 20 Minuten
Pro Portion ca. 104 kcal/439 kJ

1. Die Papayas schälen, entkernen und in kleine Stücke schneiden. Die Chilischoten etwas zerbröseln.

2. Den Thai-Soi putzen, waschen, trocknen und klein schneiden. Die Bohnen putzen, waschen, trocknen und klein schneiden. Erdnussöl in einer Pfanne erhitzen und die Bohnen 5 Minuten darin andünsten. In eine Schüssel geben.

3. Papayas und Chilis im Mixer fein pürieren. Die Cashewkerne grob hacken und mit der Garnelenpaste mischen. Die Paste mit Zitronensaft verrühren.

4. Palmzucker in 3 El warmem Wasser auflösen und mit der Fischsauce und Kokosmilch dazugeben. Die Tomaten putzen, waschen und halbieren. Alles zu den Bohnen geben und mit der Papayapaste mischen. Auf Tellern anrichten und servieren.

TIPP

Thai-Soi, auch Schnittknoblauch genannt, ähnelt vom Aussehen her Frühlingszwiebeln. Der Geschmack liegt aber zwischen Knob- und Schnittlauch.

Wurstsalat

1. Die Gurken in einem Sieb abtropfen lassen und in Würfel schneiden. Die Zwiebel schälen und ebenfalls würfeln. Die Wurst pellen, zunächst in Scheiben und dann in Streifen schneiden.

2. Den Mais in einem Sieb abtropfen lassen und in größere Stücke schneiden. Mit Wurst, Zwiebeln und Gurken in eine Schüssel geben. 125 ml Wasser in einem Topf erhitzen und die Brühe darin auflösen.

3. Essig und Öl verrühren, mit Salz und Pfeffer würzen. Die abgekühlte Brühe dazugeben. Die Petersilie waschen, trocknen, einige Blättchen beiseite legen, den Rest in Streifen schneiden und unterheben.

4. Die Sauce über die Salatzutaten verteilen, alles vermengen und ca. 10 Minuten ziehen lassen. Das Ganze auf Tellern anrichten und mit der restlichen Petersilie garniert servieren.

3 Senfgurken aus dem Glas
1 Gemüsezwiebel
300 g Fleischwurst
200 g Maiskölbchen aus dem Glas
1 El Gemüsebrühe
125 ml Himbeeressig
125 ml Sonnenblumenöl
1 Tl Salz
1/2 Tl Pfeffer
1/2 Bund Petersilie

Zubereitungszeit: ca. 40 Minuten
Pro Portion ca. 608 kcal/2555 kJ

Fruchtiger Eiersalat

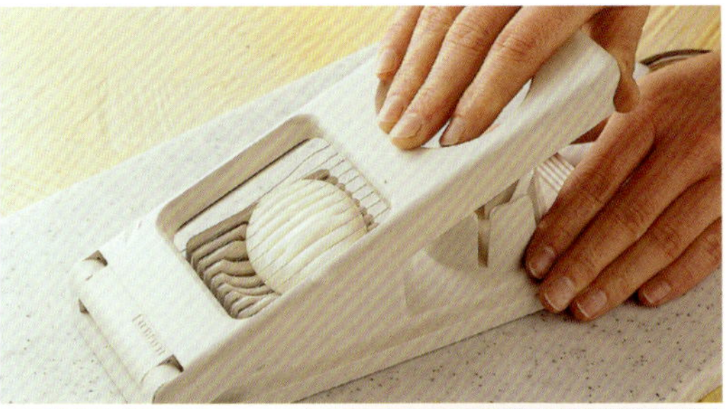

1. Die Eier in Essigwasser ca. 9 Minuten hart kochen. Anschließend abgießen, abschrecken, pellen, kurz auskühlen lassen und mit dem Eierschneider in Scheiben schneiden.

2. Die Melone halbieren, entkernen und das Fruchtfleisch in Würfel schneiden. Die Birne schälen, halbieren, das Kerngehäuse entfernen und das Fruchtfleisch in schmale Spalten schneiden.

3. Die Spalten mit etwas Zitronensaft beträufeln, damit das Fruchtfleisch nicht braun wird. Den Sellerie schälen, in Scheiben und dann in Würfel schneiden. Ebenfalls mit etwas Zitrone beträufeln.

4. Die Walnüsse mit den Melonenstücken, den Birnenspalten und den Selleriewürfeln in eine Schüssel geben und vermengen. Die Eischeiben auf Glastellern anrichten und die restlichen Zutaten darauf verteilen. Die Remoulade mit dem Joghurt und dem Sherry verrühren, mit Pfeffer abschmecken und darüber geben. Alles mit Kräutern garniert servieren.

6 Eier
100 ml Essig
1 Honigmelone
1 Birne
2 El Zitronensaft
1/2 Sellerieknolle
50 g gehackte Walnüsse
5 El Kräuterremoulade (FP)
6 El Joghurt
2 El Sherry
Pfeffer

Kräuter zum Garnieren

Zubereitungszeit: ca. 30 Minuten
Pro Portion ca. 262 kcal/1102 kJ

Gefüllte Eier

8 Eier, 100 ml Essig
200 g Frischkäse
2 El Olivenöl
1 El Currypulver
Salz, Pfeffer
50 g gehackte Haselnüsse
3 El Ketakaviar
3 El Paprikapaste
3 El Gemüsesaft
Paprikapulver
1 Scheibe Kochschinken
2 Kästchen Kresse

Zubereitungszeit: ca. 30 Minuten
Pro Portion ca. 457 kcal/1921 kJ

1. Die Eier in kochendem Essigwasser ca. 9 Minuten kochen. Abgießen, abschrecken, pellen und halbieren. Das Eigelb vorsichtig entfernen, mit einer Gabel zerdrücken und beiseite legen.

2. Für die erste Füllung die Hälfte des Eigelbs mit 100 g Käse und dem Öl verrühren, mit den Gewürzen abschmecken. Die Nüsse unterrühren. Die Masse in acht Eihälften füllen und mit Kaviar garnieren.

3. Für die zweite Füllung das restliche Eigelb mit 100 g Frischkäse, der Paprikapaste und dem Gemüsesaft verrühren. Mit Salz, Pfeffer und Paprika abschmecken. Den Schinken in feine Streifen schneiden.

4. Die Masse in die restlichen Eihälften füllen und mit den Schinkenstreifen garnieren. Die Kresse waschen, trocknen und auf einer Platte verteilen. Die Eihälften darauf anrichten und servieren.

Shrimps-Cocktail

300 g Shrimps aus dem Kühlregal
1 El Zitronensaft
150 g Feldsalat
200 g Mandarinen aus der Dose
200 g Austernpilze
100 g Mungobohnenkeime aus der Dose
10 El Gewürzketchup
6 El Schmand
2 El Olivenöl
1/2 Tl Salz
1/2 Tl Pfeffer
1/2 Tl Paprikapulver
4 schöne Blätter Lollo rosso

Zubereitungszeit: ca. 25 Minuten
Pro Portion ca. 316 kcal/1329 kJ

1. Die Shrimps in einem Sieb abspülen und abtropfen lassen. In eine Schüssel geben und mit dem Saft beträufeln. Den Feldsalat putzen, waschen, trocknen und gelbe und welke Blätter entfernen.

2. Die Mandarinen in einem Sieb abtropfen lassen und den Saft dabei auffangen. Die Austernpilze putzen, waschen und in Stücke schneiden. Die Bohnenkeime ebenfalls in einem Sieb abtropfen lassen.

3. Shrimps, Mandarinen, Pilze und Keime in eine Schüssel geben und vorsichtig vermengen. Das Ketchup mit Schmand, Mandarinensaft, Öl, Salz, Pfeffer und Paprika verrühren.

4. Lollo rosso waschen, trocknen und zusammen mit dem Feldsalat kleine Glasschälchen damit auskleiden. Die Shrimpsmischung auf die Teller geben, alles mit der Sauce beträufeln und servieren.

TIPP

Probieren Sie diesen erfrischenden Snack doch auch einmal mit Flusskrebsfleisch oder großen Garnelen aus dem Kühlregal. Schön servieren Sie diesen Cocktail auch, wenn Sie zwei Bauernbrötchen halbieren, aushöhlen und die Shrimps und die Cocktailsauce darin anrichten.

Thai-Gemüse

125 g Brokkoli
125 g Blumenkohl
1/2 Salatgurke
3 Möhren
125 g Chinakohl
125 g Paksoi
100 g Maiskörner aus der Dose
500 ml Reisessig
2 EL Zucker
Salz
5 Knoblauchzehen
2 Zwiebeln
6 getrocknete rote Chilischoten
75 ml Erdnussöl
2 EL Sesamsamen

Zubereitungszeit: ca. 35 Minuten
Pro Portion ca. 319 kcal/1340 kJ

1. Das Gemüse putzen, waschen, trocknen und klein schneiden. Die Maiskörner in ein Sieb geben und gut abtropfen lassen. Den Essig mit 500 ml Wasser, Zucker und etwas Salz aufkochen lassen. Das Gemüse darin portionsweise blanchieren.

2. Die Knoblauchzehen und die Zwiebeln schälen und grob hacken. Zusammen mit den Chilischoten in einem Mörser fein zerstoßen.

3. Das Öl erhitzen und die Paste darin ca. 3 Minuten braten. Das Gemüse mit der Kochflüssigkeit dazugeben und ca. 2 Minuten bei milder Hitze mitdünsten.

4. Das Gemüse auf Tellern anrichten und mit Sesamsamen bestreut servieren.

TIPP

Bei Sesamsaat handelt es sich um die Samenkörner des Sesamkrautes. Je nach Sorte sind diese weiß, gelb, braun oder schwarz. Werden die Sesamkörner geröstet, entfaltet sich ihr nussiges Aroma besonders gut.

Buntes Entenbrust-Carpaccio

400 g geräucherte Entenbrust (vom Händler in ganz dünne Scheiben schneiden lassen)
250 g Palmherzen aus der Dose
1 rote Paprikaschote
150 g Mexikanische Gemüsemischung aus der Dose
8 El Olivenöl
2 El Himbeeressig
100 g Italienische Kräuter (TK)
Salz, Pfeffer
1 Baguette
100 g Kräuterbutter

Zubereitungszeit: ca. 20 Minuten
Pro Portion ca. 672 kcal/2825 kJ

1. Das Entenbrustfleisch fächerartig auf vier Tellern auslegen. Die Palmherzen in einem Sieb abtropfen lassen und anschließend in dünne Scheiben schneiden.

2. Die Paprikaschote waschen, längs halbieren, entkernen und in Streifen schneiden. Die Gemüsemischung in einem Sieb abtropfen lassen. Palmherzen, Paprika und Gemüsemischung vermengen.

3. Das Öl mit dem Essig und den aufgetauten Kräutern verrühren, mit Salz und Pfeffer kräftig abschmecken. Das Gemüse portionsweise auf die Entenbrust geben und alles mit dem Dressing beträufeln.

4. Das Baguette in Scheiben schneiden und toasten. Anschließend mit der Kräuterbutter bestreichen und zu dem Entenbrust-Carpaccio servieren.

Fitness-Salat

2 Braeburn Äpfel
(oder Pink Lady)
4 Möhren
2 Papayas
3 El Zitronensaft
1 Bund Frühlingszwiebeln
2 Chicorée
300 g Schweinebraten-Aufschnitt am Stück
6 El Multivitaminsaft
100 ml Dickmilch
1/2 Bund Petersilie
Salz
Pfeffer
8 Tacoschalen (FP)

Zubereitungszeit: ca. 20 Minuten
Pro Portion ca. 314 kcal/1321 kJ

1. Die Äpfel waschen, schälen, halbieren, das Kerngehäuse entfernen und raspeln. Die Möhren schälen und ebenfalls raspeln. Die Papayas halbieren, Kerne mit einem Löffel herauskratzen.

2. Das Fruchtfleisch in Scheiben und dann in Würfel schneiden. Mit den Äpfeln und Möhren in einer Schüssel vermengen. Alles mit Zitronensaft beträufeln. Zwiebeln waschen, trocknen und in Ringe schneiden.

3. Chicorée waschen und die fleckigen Blätter ablösen. Dann halbieren und den bitteren Strunk ca. 4–5 cm keilförmig herausschneiden. Zum Schluss das Ganze in schmale Streifen schneiden.

4. Den Braten in Streifen schneiden, mit den anderen Zutaten in die Schüssel geben und vermengen. Den Multivitaminsaft mit der Dickmilch, der fein gehackten Petersilie, Salz und Pfeffer mischen.

5. Das Dressing über die Salatzutaten geben und alles vermengen. Den Salat portionsweise in den Tacoschalen anrichten und servieren.

Ran an den Topf!

Suppen, Eintöpfe, Pasta und mehr - das sind keine angestaubten Rezepte aus Großmutters guter Küche, sondern echte Dauerbrenner. Sommer wie Winter lassen sich einfach und kostengünstig vielversprechende Vorspeisen oder deftige Mahlzeiten zubereiten, mit denen Sie für den Überraschungsbesuch genauso gerüstet sind wie für das Zusammenstellen eines ausgefeilten Menüs.

Herzhafte Gemüsesuppe

4 Bund Suppengemüse
2 l Rinderfond
1 Bund Petersilie
Salz
Pfeffer
1 Msp. frisch geriebene Muskatnuss
300 g Jagdwurst
50 g Schmand

Petersilie zum Garnieren

Zubereitungszeit: ca. 20 Minuten
Pro Portion ca. 423 kcal/1779 kJ

1. Das Suppengemüse putzen, waschen und klein schneiden. Den Fond in einen Topf geben und aufkochen lassen. Das Gemüse dazugeben und bei milder Hitze ca. 20 Minuten ziehen lassen.

2. Die Petersilie waschen, trocknen, fein hacken und ca. 5 Minuten vor Ende der Garzeit in die Suppe geben. Alles mit Salz, Pfeffer und der frisch geriebenen Muskatnuss abschmecken.

3. Die Jagdwurst pellen, zunächst in Scheiben und anschließend in Streifen schneiden. Dann zur Suppe geben und darin erwärmen.

4. Kurz vor Ende der Garzeit den Schmand unterrühren. Die Suppe auf Tellern anrichten und mit Petersilie garniert servieren.

TIPP

Dank der küchenfertig vorbereiteten Lebensmittel ist das Kochen recht einfach. Nicht nur Anfänger greifen auf fertige Brühen und Fonds zurück. Auch küchenfertiges Tiefkühlgemüse spart viel Zeit und Mühe und ist dank modernster Gefriertechnik von sehr guter Qualität. Allerdings sollte das Gemüse, wenn es einmal aufgetaut wurde, nicht wieder eingefroren und noch einmal verwendet werden.

Dicke-Bohnen-Topf

2 rote Zwiebeln
2 Knoblauchzehen
3 El Olivenöl
100 g Tomato al gusto mit Kräutern
1 El getrockneter Thymian
1/2 El getrocknetes Bohnenkraut
600 g dicke Bohnen
600 ml Rinderfond
Salz, Pfeffer, Paprikapulver
120 g Emmentaler

Zubereitungszeit: ca. 30 Minuten
Pro Portion ca. 511 kcal/2149 kJ

1. Die Zwiebeln schälen und in Ringe schneiden. Die Knoblauchzehen schälen und durchpressen. Das Öl in einem Topf erhitzen und die Zwiebeln mit dem Knoblauch darin andünsten.

2. Tomato al gusto dazugeben. Die Kräuter unterheben und alles ca. 5 Minuten ziehen lassen. Dann die dicken Bohnen dazugeben und alles weitere 3 Minuten dünsten.

3. Das Ganze mit dem Rinderfond angießen und weitere 12 Minuten köcheln lassen. Anschließend mit Salz, Pfeffer und Paprika kräftig abschmecken.

4. Den Käse mit einer Reibe reiben. Die Suppe heiß auf Tellern anrichten, mit dem Käse bestreuen und servieren.

Penne-Spinat-Topf

250 g Penne rigate
Salz
1 El Öl
2 Zwiebeln
2 Knoblauchzehen
3 El Olivenöl
300 g Blattspinat
150 g gekochter Schinken
125 ml Sahne
Pfeffer
Chilipulver
Frisch geriebene Muskatnuss

Zubereitungszeit: ca. 25 Minuten
Pro Portion ca. 397 kcal/1668 kJ

1. Die Nudeln in leicht gesalzenem Wasser ca. 12 Minuten kochen. Das Öl dazugeben. Inzwischen die Zwiebeln schälen, halbieren und in Würfel schneiden.

2. Knoblauch schälen und durchpressen. Das Öl in einem Topf erhitzen und die Zwiebeln mit dem Knoblauch darin andünsten. Den sorgfältig gewaschenen Spinat dazugeben.

3. Den Spinat bei milder Hitze ca. 10 Minuten ziehen lassen. Den Schinken in Streifen schneiden und mit der Sahne unter den Spinat heben.

4. Alles mit den Gewürzen abschmecken. Die Nudeln abgießen und abschrecken. Die Spinat-Sahne-Sauce darüber geben, die Nudeln auf Tellern anrichten und servieren.

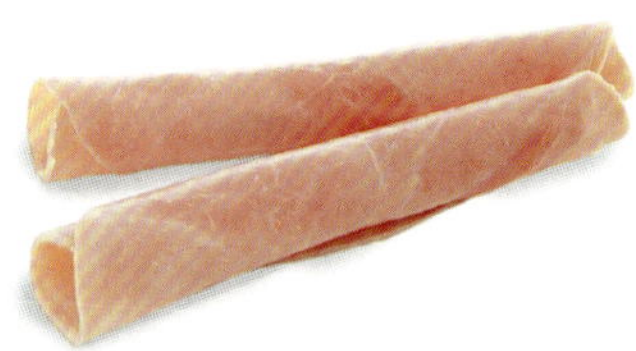

Hühnereintopf mit Reis

1 gekochtes Huhn (ca. 1 kg)
1 Bund Suppengrün
300 g Brokkoli
1/2 Bund Petersilie
500 ml Hühnerfond
250 ml Weißwein
1/2 Knollensellerie
Salz
Pfeffer
100 g 5-Minuten-Reis

Zubereitungszeit: ca. 30 Minuten
Pro Portion ca. 422 kcal/1775 kJ

TIPP

Ein gekochtes Huhn kann als Grundlage für eine Vielzahl von Gerichten verwendet werden. Schnell lässt sich daraus ein Süppchen oder Eintopf kochen. Kalt findet es in Salaten oder als schmackhafter Brotbelag Verwendung. Es lohnt sich also ein Huhn auf Vorrat im Haus zu haben. Tiefgefroren hält es sich einige Monate, aber auch im Kühlschrank, in einem abgedeckten Gefäß, kann man es ein paar Tage aufbewahren.

1. Das gekochte Huhn auf eine Arbeitsplatte legen. Das Fleisch vom Knochen lösen, die Haut entfernen und das Fleisch klein schneiden. Suppengrün und Brokkoli putzen, waschen und klein schneiden. Petersilie fein hacken.

2. Den Fond und den Wein in einen Topf geben und bei milder Hitze ca. 15 Minuten kochen. Sellerie schälen und in Würfel schneiden. Nach 10 Minuten der Kochzeit Gemüse, Suppengrün und Fleisch zum Fond geben.

3. Den Eintopf weitere 10 Minuten ziehen lassen. Mit Salz und Pfeffer abschmecken. Inzwischen den Reis nach Packungsanweisung ca. 5 Minuten in leicht gesalzenem Wasser garen.

4. Den Reis anschließend abgießen, abtropfen lassen und in die Suppe geben. Alles portionsweise auf Tellern anrichten, mit der klein gehackten Petersilie bestreuen und servieren.

Makkaronitopf

300 g Vollkornmakkaroni
Salz
1 El Öl
250 g Ziegenkäse
250 g Salami
1 Bund Basilikum
100 g Tomato al gusto
mit Kräutern
Cayennepfeffer
Paprikapulver

Basilikum zum Garnieren

Zubereitungszeit: ca. 20 Minuten
Pro Portion ca. 710 kcal/2982 kJ

1. Die Nudeln nach Packungsanweisung in leicht gesalzenem Wasser ca. 15 Minuten bissfest garen. Das Öl dazugeben, damit die Nudeln nicht verkleben.

2. Den Ziegenkäse in Würfel schneiden. Von der Salami die Haut abziehen und die Salami ebenfalls in Würfel schneiden. Das Basilikum waschen, trocknen und in Streifen schneiden.

3. Alles mit den Tomaten in eine Schüssel geben. Die Nudeln abgießen, abschrecken. Alles vermengen und mit Salz, Pfeffer und Paprika pikant abschmecken. Den Salat auf Tellern anrichten und mit Basilikum garniert servieren.

TIPP

Nudeln bissfest, d. h. „al dente" kochen ist ganz einfach, wenn man sich an folgende Regeln hält: Der Topf muss ausreichend groß sein, damit die Nudeln nicht zusammenkleben. Auf 100 g Pasta rechnet man 1 l Wasser, 10 g Salz und 1/2 El Öl. Die Nudeln immer in das kochende Wasser geben, mit einem Holzlöffel umrühren und zugedeckt wieder zum Kochen bringen. Dann ohne Deckel sprudelnd fertig garen. Dabei ab und zu umrühren.

Gnocchi mit Tomatencreme

50 g Kräuterbutter
500 g Tomato al gusto mit Kräutern
100 g Italienische Kräutermischung (TK)
200 g Schmand
2 cl Rotwein
Salz, Pfeffer
700 g Gnocchi aus dem Kühlregal
20 g Butter

Ysop und Liebstöckel zum Garnieren

Zubereitungszeit: ca. 20 Minuten
Pro Portion ca. 912 kcal/3833 kJ

1. Die Kräuterbutter in einem Topf erhitzen. Das Tomato al gusto und die Kräutermischung dazugeben. Alles ca. 2 Minuten köcheln lassen.

2. Den Schmand und den Rotwein dazugeben und alles unter Rühren ca. 2 Minuten erwärmen, aber nicht kochen lassen. Die Tomatencreme mit Salz und Pfeffer abschmecken.

3. Die Gnocchi nach Packungsanweisung in leicht gesalzenem Wasser kochen. Anschließend in ein Sieb geben und gut abtropfen lassen.

4. Die Butter in einer Pfanne erhitzen und die Gnocchi darin portionsweise schwenken. Jeweils auf einem Teller mit der Sauce anrichten, mit den Kräutern garnieren und servieren.

Kürbis-Linsen-Risotto

1. Den Reis nach Packungsanweisung in kochendem Salzwasser garen. Inzwischen die Zucchini waschen, trocknen und klein schneiden. Den Fond zum Kochen bringen.

2. Die Paprikaschote waschen, längs halbieren, entkernen und in Würfel schneiden. Das Gemüse zusammen mit den Linsen in dem Gemüsefond bei milder Hitze ca. 12–15 Minuten garen.

3. Den Kürbis in ein Sieb geben, gut abtropfen lassen und in Würfel schneiden. Zu dem Gemüse geben, alles erwärmen und mit Salz, Pfeffer und Knoblauchpulver abschmecken.

4. Die Melisse waschen und trocknen. Den Reis unter das Gemüse geben und erwärmen. Mit Knoblauch abschmecken, anrichten und mit Zitronenmelisse garniert servieren.

100 g 5-Minuten-Reis
Salz
1/2 Zucchini
350 ml Gemüsefond
1 gelbe Paprikaschote
100 g rote Linsen
150 g süßsauer eingelegter Kürbis (FP)
Pfeffer
Knoblauchpulver

Zitronenmelisse zum Garnieren

Zubereitungszeit: ca. 35 Minuten
Pro Portion ca. 228 kcal/960 kJ

Farmer-Suppentopf

1-1 1/2 l Rinderfond
600 g Farmergemüse (TK)
1/2 Bund Petersilie
1/2 Bund Schnittlauch
1/4 Bund Liebstöckl
Salz
Pfeffer
1/2 Tl Kümmelkörner
2 Zwiebeln
2 Knoblauchzehen
400 g gemischtes Hackfleisch
1 Ei
1 El Paniermehl
1 El mittelscharfer Senf
Cayennepfeffer
Paprikapulver
1 Baguette

Zubereitungszeit: ca. 25 Minuten

1. Den Fond zum Kochen bringen und das Gemüse mit den frisch gehackten Kräutern darin bei milder Hitze ca. 15–20 Minuten garen lassen. Den Suppentopf mit Salz, Pfeffer und Kümmelkörnern abschmecken.

2. Inzwischen die Zwiebeln schälen und würfeln. Den Knoblauch schälen und durchpressen. Beides mit dem Hackfleisch und dem Ei verkneten. Das Paniermehl und den Senf dazugeben. Die Masse mit Salz, Cayennepfeffer und Paprika kräftig abschmecken.

3. Jeweils etwas Hackfleischmasse in die leicht angefeuchteten Hände geben und so die ganze Hackfleischmasse zu kleinen Klößchen rollen.

4. Die Klößchen 5–10 Minuten vor Ende der Garzeit in den Suppentopf geben und mitgaren. Das Baguette in Scheiben schneiden. Den Eintopf anrichten und mit Baguette servieren.

TIPP

Eine kräftige, nahrhafte Gemüsesuppe ist immer noch der Stolz einer jeden Hausfrau. Allerdings sollte das Gemüse schmackhaft und knackig bleiben und nicht durch zu lange Garzeit zu „Mus" werden.

Leipziger Nudelsuppe

1-1 1/2 l Hühnerfond
125 ml Weißwein
1 Bund Petersilie
600 g Leipziger Allerlei (TK)
1/2 Grillhähnchen
200 g Flusskrebsfleisch, gekocht (FP)
100 g Suppennudeln
Salz, Pfeffer
Frisch geriebene Muskatnuss
4-6 El Schmand

Zubereitungszeit: ca. 30 Minuten
Pro Portion ca. 617 kcal/2594 kJ

1. Den Hühnerfond mit dem Weißwein aufkochen lassen. Die Petersilie waschen, trocknen und fein hacken. Mit dem Gemüse bei milder Hitze ca. 12 Minuten garen.

2. Inzwischen das Grillhähnchen teilen und das Fleisch von den Knochen lösen. Die Haut entfernen und das Fleisch in kleine Stücke schneiden. Das Krebsfleisch ebenfalls klein schneiden.

3. 5 Minuten vor Ende der Garzeit die Nudeln in die Suppe geben und mitgaren. Das Hähnchen und das Krebsfleisch dazugeben und 2–3 Minuten darin erwärmen.

4. Die Suppe mit Salz, Pfeffer und Muskat abschmecken und portionsweise in Suppentassen oder -tellern anrichten. Mit einem Klecks Schmand garniert servieren.

Ochsenschwanzsuppe à la Bangkok

600 g Ochsenschwanzstücke
2 El Öl
2 Schalotten
200 g grüne Bohnen
3 rote Peperoni
1 frisches Stück Ingwer (2 cm)
1 Tl Koriandersamen
1/2 Tl Kreuzkümmelpulver
2 El Fischsauce
1/2 El Kardamompulver
Pfeffer
1 Stück Zimtstange (3 cm)
Salz

Koriander zum Garnieren

Zubereitungszeit: ca. 2 Stunden, 35 Minuten
Pro Portion ca. 413 kcal/1734 kJ

1. Das Fleisch waschen und trocknen. In heißem Öl anbraten. Die Schalotten schälen und in Würfel schneiden. Die Bohnen putzen und in Stücke schneiden. Die Peperoni waschen, längs halbieren, entkernen und in Streifen schneiden. Den Ingwer schälen und in Scheiben schneiden.

2. 2 l Wasser in einem Topf erhitzen. Ingwer, Koriandersamen, Kreuzkümmelpulver, Fischsauce, Kardamompulver, Pfeffer, Fleisch, Schalotten und Peperoni dazugeben. Die Zimtstange hinzugeben und das Ganze bei milder Hitze ca. 2 Stunden ziehen lassen.

3. Das austretende Eiweiß regelmäßig mit einer Schöpfkelle entfernen. Kurz vor Ende der Garzeit die Bohnen dazugeben. Anschließend das Fleisch herausnehmen, abtropfen und etwas abkühlen lassen. Dann vom Knochen lösen.

4. Die Fleischstücke in Schälchen anrichten. Die Zimtstange aus dem Fond herausnehmen und die Suppe über das Fleisch geben. Mit Salz und Pfeffer würzen. Mit Koriander garniert servieren.

TIPP

Der Schwanz von Rindern wird vor allem für die Zubereitung von Saucen, Suppen und Eintöpfen verwendet. Am besten lassen Sie sich das Fleisch schon beim Metzger in Stücke schneiden.

Scharfer Kichererbsentopf

3 El Olivenöl
250 g gemischtes Hackfleisch
1 Zwiebel
2 Knoblauchzehen
3-4 El Hot Salsa
100 g schwarze Oliven ohne Stein
1 l Rinderfond
800 g Kichererbsen aus der Dose
Salz
Cayennepfeffer

1/2 Bund Koriandergrün

Zubereitungszeit: ca. 25 Minuten
Pro Portion ca. 749 kcal/3147 kJ

TIPP
Kräuter geben Suppen und Eintöpfen einen ganz individuellen Geschmack und ein tolles Aroma. Besonders praktisch sind die TK-Kräuter wie Petersilie, Dill, Schnittlauch, Basilikum und Mischungen wie Italienische Kräuter, Kräuter der Provence und 8-Kräuter-Mischung. Sie sind bereits fein gehackt und das ganze Jahr über erhältlich. Die meisten Kräuter werden auch getrocknet angeboten. Sie sind gut zu verwenden, allerdings ist die Würzkraft nicht so intensiv wie bei frischen Kräutern.

1. Das Öl in einem großen Topf erhitzen. Das Fleisch darin zusammen mit der fein gehackten Zwiebel und dem gehackten Knoblauch unter Rühren anbraten. Die Salsa dazugeben und ca. 5–6 Minuten bei milder Hitze schmoren.

2. Die Oliven halbieren und zusammen mit dem Fond zu dem Hackfleisch geben. Den Eintopf weitere 6–7 Minuten schmoren lassen. Die Kichererbsen in ein Sieb geben und abtropfen lassen.

3. Die Erbsen in die Suppe geben und darin unter Rühren erwärmen, aber nicht mehr kochen lassen. Den Kichererbsentopf mit Salz und Cayennepfeffer abschmecken.

4. Das Koriandergrün waschen, trocknen und die Blättchen von den Stielen zupfen. Die Suppe portionsweise anrichten und mit den Korianderblättchen garniert servieren.

Mediterrane Zwiebelsuppe

1 kg rote Zwiebeln
3 El Olivenöl
2 Knoblauchzehen
2 Tl Kräuter der Provence
1 l Rinderfond
250 ml Weißwein
1 Tl Kümmelkörner
Salz
Pfeffer
4 Scheiben Vollkorntoast
200 g Gorgonzola oder
Bavaria blu

Zubereitungszeit: ca. 35 Minuten
Pro Portion ca. 467 kcal/1962 kJ

1. Die Zwiebeln schälen und in Ringe schneiden. Das Öl in einem Topf erhitzen und die Zwiebelringe zusammen mit dem durchgepressten Knoblauch und den Kräutern dazugeben.

2. Alles unter Rühren ca. 4–5 Minuten dünsten. Den Fond und den Wein angießen, die Kümmelkörner dazugeben und die Suppe bei milder Hitze ca. 15–20 Minuten garen.

3. Mit Salz und Pfeffer abschmecken. Die Toastscheiben rösten. Den Käse in Scheiben schneiden. Die Toastscheiben damit belegen und halbieren.

4. Die Suppe in feuerfeste Tassen geben und mit den Brotscheiben abdecken. Das Ganze unter dem Grill kurz überbacken, bis der Käse zu zerlaufen beginnt. Sofort servieren.

TIPP

Probieren Sie sich auch einmal an der klassischen Pariser „Soupe à l'oignon". Dazu verwenden Sie weiße Speisezwiebeln, die Sie hellbraun anrösten und mit Mehl bestäubt in Butter anschwitzen. Besonderen Pfiff erhält die französische Variante durch einen Schuss Portwein oder Madeira. Serviert wird die Suppe natürlich mit überbackenem Baguette.

Ran an die Pfanne!

Fleisch, Geflügel, Fisch und Meeresfrüchte – was nach erfahrenen Köchen und Herausforderung klingt, ist in Wirklichkeit kein Teufelswerk. Rezepte mit zunehmendem Schwierigkeitsgrad weisen Ihnen den Weg in die abwechslungsreiche Welt von Fisch und Fleisch: Wir begleiten Sie von den klassischen Gerichten wie Schweineschnitzel und Currypfanne bis hin zu raffinierten Steaks und feinen Fischfilets. Sie werden selbst erstaunt sein, was Sie alles zuwege bringen.

Rührei mit Pfifferlingen

200 g frische Pfifferlinge (evtl. auch aus der Dose)
50 g Petersilie
200 g Bacon
3 Tomaten
8 Eier
2 El Mineralwasser
3 El Milch
Salz
Pfeffer
4 Scheiben Bauernbrot
2 El Butter

Zubereitungszeit: ca. 25 Minuten
Pro Portion ca. 353 kcal/1483 kJ

1. Die Pfifferlinge putzen oder in einem Sieb abtropfen lassen. Die Petersilie waschen, trocknen und fein hacken. Den Bacon in Scheiben und dann in Streifen schneiden. In einer Pfanne ohne Fett auslassen.

2. Die Pfifferlinge und die Petersilie dazugeben. Alles ca. 3 Minuten bei milder Hitze ziehen lassen. Inzwischen die Tomaten waschen, halbieren und in Scheiben schneiden. Beiseite legen.

3. Die Eier in einer Schüssel aufschlagen und das Mineralwasser und die Milch unterrühren. Alles gut verquirlen und mit Salz und Pfeffer pikant abschmecken.

4. Das Ei zum Bacon geben und alles stocken lassen. Mit dem Pfannenwender vorsichtig wenden. Das Brot mit der Butter bestreichen und das Rührei darauf anrichten. Mit den Tomatenscheiben garnieren und servieren.

TIPP

Rühreier lassen sich mit immer anderen Zutaten abwechslungsreich und schnell zubereiten. Verwenden Sie beim Braten antihaft-versiegelte Pfannen, dann sparen Sie nicht nur Fett, es setzt auch nichts mehr an.

Gemüse-Frittata

400 g Chinesisches Pfannengemüse (TK)
6 Eier
3 El Milch
3 El Mineralwasser
Salz
Pfeffer
Currypulver
2 El Olivenöl

Kräuter zum Garnieren

Zubereitungszeit: ca. 15 Minuten
Pro Portion ca. 272 kcal/1144 kJ

1. Das Gemüse auftauen lassen. Inzwischen die Eier in einer Schüssel aufschlagen und mit der Milch und dem Mineralwasser verrühren. Mit Salz, Pfeffer und Currypulver würzen.

2. Das Öl in einer Pfanne erhitzen und die Eimasse hineingießen. Das Gemüse dazugeben und alles zugedeckt bei milder Hitze ca. 6 Minuten stocken lassen.

3. Die Frittata unbedingt zudecken, damit sie richtig stockt. Die Frittata ist fertig, wenn die Ränder zartbraun werden. Den fertigen Eierkuchen auf einen großen Teller gleiten lassen.

4. Die Frittata in vier Stücke schneiden und mit Kräutern garniert servieren. Dazu passt Fladenbrot.

Asiatische Nudelpfanne

250 g dünne Weizennudeln
300 ml Asiafond
3 El Walnussöl
300 g Frühlingszwiebeln
4 Knoblauchzehen
4 getrocknete rote Chilischoten
4 El Erdnussöl
200 g Shiitake-Pilze
3 El Palmzucker
4 El Fischsauce
2 El gelbe Currypaste
2 El Zitronensaft
1 Bund Thai-Basilikum
200 ml Pflaumensauce

Zubereitungszeit: ca. 30 Minuten
Pro Portion ca. 506 kcal/2127 kJ

1. Die Nudeln in dem heißen Fond ca. 10 Minuten kochen lassen. Anschließend herausnehmen und abtropfen lassen. In eine Schüssel geben und mit dem Öl beträufeln. Die Frühlingszwiebeln putzen, waschen und in Ringe schneiden.

2. Die Knoblauchzehen schälen und in Scheiben schneiden. Die Chilischoten zerbröseln. Das Erdnussöl erhitzen und die Frühlingszwiebeln mit dem Knoblauch und den Chilischoten darin andünsten.

3. Die gewaschenen Pilze dazugeben und alles mit Palmzucker, Fischsauce, Currypaste und Zitronensaft abschmecken. Das Thai-Basilikum waschen, trocknen und in feine Streifen schneiden.

4. Zusammen mit den abgegossenen Nudeln und dem heißen Fond unter die Gemüse-Pilz-Mischung rühren. Alles in Schälchen anrichten und mit der Pflaumensauce servieren.

Italienische Geflügelröllchen

8 dünne Putenschnitzel
(à 100 g)
100 g Tomatenmark
Salz
Pfeffer
8 Scheiben Parmaschinken
2 Zwiebeln
1 Bund Basilikum
3 El Knoblauchbutter
1 Knoblauchzehe
5 El Olivenöl
150 ml Geflügelfond
50 ml trockener Sherry
300 g Gourmet-Gemüse (TK)

Zubereitungszeit: ca. 45 Minuten
Pro Portion ca. 561 kcal/2356 kJ

1. Das Fleisch waschen, trocknen und auf einer Arbeitsplatte auslegen. Jede Scheibe mit etwas Tomatenmark bestreichen, mit Salz und Pfeffer würzen und je eine Scheibe Parmaschinken darauf legen.

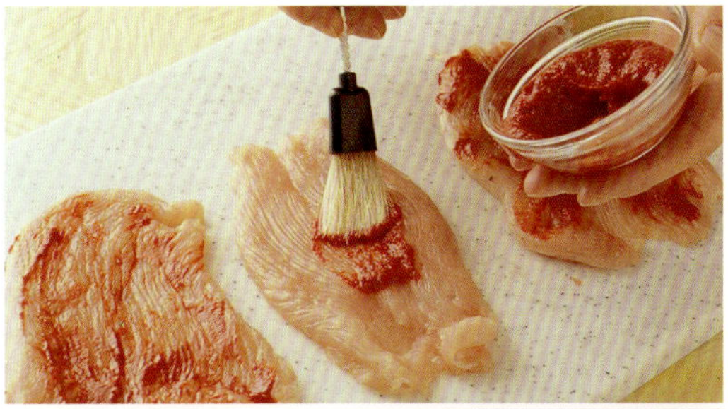

2. Die Zwiebeln schälen und in Ringe schneiden. Das Basilikum waschen, trocknen und in Streifen schneiden. Die Butter in einer Pfanne erhitzen und die Zwiebeln mit dem durchgepressten Knoblauch und dem Basilikum darin andünsten.

3. Alles dünn auf die Schnitzel streichen. Das Fleisch aufrollen und mit Holzspießen feststecken. Das Öl in einer Pfanne erhitzen und die Röllchen darin von allen Seiten ca. 6 Minuten braten.

4. Mit dem Fond und dem Sherry angießen. Das aufgetaute Gemüse dazugeben und alles ca. 12 Minuten bei milder Hitze ziehen lassen. Alles zusammen auf Tellern anrichten und servieren. Dazu passt Vollkornreis.

TIPP

Geflügel hat viele Vorzüge: Das Fleisch hat wenige Kalorien, ist jedoch sehr eiweißreich und leicht verdaulich. Natürlich hat es auch viel Geschmack. Bei der Pute oder beim Truthahn kommt noch eine Besonderheit hinzu, denn jedes Teil schmeckt anders. Das helle Brustfleisch für unsere Röllchen ist zart und fein.

Schnelles Pfannengulasch

500 g Gemüsezwiebeln
2 Knoblauchzehen
800 g Gulasch
4 El Butterschmalz
Salz
Pfeffer, Rosenpaprika
500 ml Rinderfond
250 ml Rotwein
2 rote Paprikaschoten
4 El Crème fraîche

Zubereitungszeit: ca. 60 Minuten
Pro Portion ca. 702 kcal/2949 kJ

1. Die Zwiebeln schälen und in Würfel schneiden. Den Knoblauch schälen und durchpressen. Das Fleisch waschen und trocknen. Schmalz in einem Bräter erhitzen und die Zwiebeln andünsten.

2. Fleisch und Knoblauch dazugeben. Mit den Gewürzen kräftig abschmecken. Nach ca. 6 Minuten mit dem Fond und dem Wein angießen und alles bei milder Hitze ca. 40 Minuten garen lassen.

3. In der Zwischenzeit die Paprikaschoten putzen, waschen, längs halbieren, entkernen und in Streifen schneiden.

4. Ca. 8 Minuten vor Ende der Garzeit die Paprikastreifen in das Gulasch geben. Kurz vor dem Servieren die Crème fraîche unterrühren.

5. Das Gulasch noch einmal mit Salz, Pfeffer und Paprikapulver abschmecken. Auf Tellern anrichten und mit Nudeln, z. B. Penne rigate, servieren.

Deftige Bratkartoffeln

600 g Kartoffeln
2 Eier
1/2 Bund Frühlingszwiebeln
3 Senfgurken aus dem Glas
1 El Kapern
200 g Sahnequark
100 g Joghurt
1 Tl Oregano
1/2 Tl Paprikapulver
Salz, Pfeffer
1 Zwiebel
3 El Walnussöl
1/2 Tl Kümmelkörner
Knoblauchpulver

Zubereitungszeit: ca. 40 Minuten (plus Zeit zum Ziehen)
Pro Portion ca. 458 kcal/1924 kJ

1. Die Kartoffeln kochen. Die Eier ca. 9 Minuten hart kochen. Inzwischen die Frühlingszwiebeln putzen, waschen und in Ringe schneiden. Die Senfgurken abtropfen lassen und in Stücke schneiden.

2. Die Kapern abtropfen lassen, fein hacken. Die Eier abgießen, abschrecken, kurz auskühlen lassen und pellen. Den Quark, den Joghurt und die Kräuter in einer Schüssel verrühren.

3. Die Eier in Scheiben und dann in Würfel schneiden. Mit Frühlingszwiebeln, Gurken und Kapern unter den Quark heben. Mit Salz und Pfeffer abschmecken. Die Remoulade ca. 1 Stunde ziehen lassen.

4. Die fertigen Kartoffeln schälen und in Scheiben schneiden. Die Zwiebel schälen und in Würfel schneiden. Das Öl in einer Pfanne erhitzen und die Zwiebeln und die Kartoffeln darin anbraten. Mit Salz, Pfeffer, Kümmel und Knoblauch abschmecken. Alles bei milder Hitze ca. 9 Minuten braten. Dann die Bratkartoffeln mit der Remoulade auf Tellern anrichten und servieren.

Mex-Frikadellen auf Bohnen

800 g gemischtes Hackfleisch
2 Zwiebeln
2 Knoblauchzehen
Salz, Pfeffer
Paprika- und Chilipulver
4 El Paniermehl
1 El scharfer Senf
3 El Tomatenmark
600 g Chilibohnen aus der Dose
4 El Butterschmalz
1 Bund Basilikum
2 El Kräuterbutter
100 g Tomato al gusto mit Zwiebeln

Zubereitungszeit: ca. 25 Minuten
Pro Portion ca. 1043 kcal/4383 kJ

1. Das Fleisch in eine Schüssel geben. Die Zwiebeln schälen und würfeln. Den Knoblauch schälen und durchpressen. Beides mit dem Hack verkneten. Mit Salz, Pfeffer, Paprika und Chili würzen.

2. Das Paniermehl, den Senf und das Tomatenmark unter die Masse kneten. Die Hände befeuchten und aus der Hackfleischmasse Frikadellen formen. Die Bohnen abtropfen lassen.

3. Butterschmalz in einer Pfanne erhitzen und die Frikadellen darin ca. 10 Minuten braten. Basilikum waschen, trocknen und in Streifen schneiden. Die Kräuterbutter in einer zweiten Pfanne erhitzen und die Bohnen andünsten.

4. Die Tomaten und das Basilikum dazugeben und ca. 6 Minuten schmoren lassen. Mit Salz, Pfeffer und Paprika abschmecken. Alles auf Tellern anrichten und servieren. Dazu passt Baguette.

Schnelles Pfannen-Gyros

600 g Schweineschinken-Schnitzel
3 El Gyros-Gewürz
3 El Olivenöl
1 Salatgurke
2 Zwiebeln
1 Knoblauchzehe
1 Bund Dill
1 El Zitronensaft
300 g Joghurt
Salz
Pfeffer
Chilipulver

Dill zum Garnieren

Zubereitungszeit: ca. 30 Minuten (plus Zeit zum Marinieren)
Pro Portion ca. 451 kcal/1896 kJ

1. Das Fleisch waschen, trocknen und in Streifen schneiden. Mit dem Gyros-Gewürz bestreuen und mit dem Öl beträufeln. Das Ganze in einer Schale gut mischen und ca. 45 Minuten durchziehen lassen.

2. Inzwischen die Gurke längs halbieren, die Kerne mit einem Löffel herausschaben und das Fleisch in Scheiben schneiden. Zwiebeln schälen und in Würfel schneiden. Knoblauch schälen und durchpressen.

3. Dill waschen, trocknen und fein hacken. Mit Gurke, Zwiebeln und Knoblauch vermengen und mit dem Zitronensaft beträufeln. Den Joghurt dazugeben und alles mit Salz, Pfeffer und Chili abschmecken.

4. Das Fleisch ohne Fett von allen Seiten anbraten und dann bei milder Hitze ca. 10 Minuten gar braten. Das Fleisch mit dem Gurken-Dip auf Tellern anrichten und mit Dill garniert servieren. Dazu passen Pommes frites.

TIPP

Je feiner das Fleisch geschnitten ist, desto kürzer ist die Garzeit. Fleisch sollte man immer bei hoher Hitze anbraten, denn dann schließen sich die Poren sofort und das Fleisch bleibt schön saftig. Gar gebraten wird Fleisch hingegen bei geringer Hitze.

Lammcurry

750 g Lammfilet
Salz
Pfeffer
1 Stange Lauch
2 Möhren
200 g Austernpilze
3 El Knoblauchbutter
2 El Currypulver
250 ml Gemüsebrühe
280 g Mandarinen aus der Dose
3 El Schmand

1/2 Bund Koriander zum Garnieren

Zubereitungszeit: ca. 35 Minuten
Pro Portion ca. 420 kcal/1764 kJ

1. Das Fleisch waschen, trocknen, in Würfel schneiden und mit Salz und Pfeffer würzen. Den Lauch putzen, waschen, trocknen und in Ringe schneiden.

2. Die Möhren putzen, waschen, schälen und in Streifen schneiden. Die Austernpilze putzen, waschen, trocknen und in Stücke schneiden.

3. Die Butter in einem Bräter erhitzen und das Fleisch von allen Seiten ca. 6 Minuten braten. Das Gemüse dazugeben. Mit Curry würzen. Alles bei milder Hitze ca. 5 Minuten schmoren lassen.

4. Anschließend das Curry mit der Brühe angießen und ca. 10 Minuten weiterköcheln lassen. Die Mandarinen in einem Sieb abtropfen lassen und 2 Minuten vor Ende der Garzeit zum Fleisch geben.

5. Den Schmand dazugeben und mit den Gewürzen nochmals abschmecken. Koriander waschen, trocknen und die Blättchen abzupfen. Alles auf Tellern anrichten und mit Koriander garnieren. Dazu passt Naturreis.

Hähnchen-Reis-Pfanne „Chiang Mai"

250 g Rundkornreis
300 ml Asiafond
5 El Reiswein
5 El Sojasauce
2 Stängel Zitronengras
2 El Fünf-Gewürz-Pulver
4 Navetten
200 g Schlangenbohnen
2 Hähnchenbrustfilets
5 El Sesamöl
200 g Bittermelone
3 El Pinienkerne
4 El Entensauce (FP)

Zubereitungszeit: ca. 50 Minuten
Pro Portion ca. 632 kcal/2656 kJ

1. Den Reis in einer Pfanne ohne Fett anrösten. Anschließend abkühlen lassen. Den Fond mit dem Reiswein und der Sojasauce in einem Topf erhitzen. Das Zitronengras putzen, waschen, klein schneiden und mit dem Fünf-Gewürz-Pulver unterrühren.

2. Den Reis in einer Getreide- oder Kaffeemühle nicht zu fein mahlen. Die Navetten schälen und in Würfel schneiden. Die Bohnen putzen, waschen und klein schneiden. Das Fleisch waschen und trocknen.

3. Alles in den kochenden Fond geben und ca. 7 Minuten ziehen lassen. Herausnehmen, abtropfen lassen und das Fleisch in Scheiben schneiden. Das Öl in einem Wok oder einer Pfanne erhitzen und die Fleischscheiben darin anbraten.

4. Die Bittermelone in Würfel schneiden. Mit dem Gemüse und den Pinienkernen zum Fleisch geben und ca. 3 Minuten mitbraten. Reis unterrühren und alles mit der Entensauce abschmecken.

Lachskoteletts mit Fenchel

4 Lachskoteletts (mit Haut und Mittelgräte)
1 El Zitronensaft
3 El Kräuterbutter
Salz
Pfeffer
3 Fenchelknollen
250 ml Weißwein
200 g Crème fraîche
1 El süßer Senf

Zubereitungszeit: ca. 30 Minuten
Pro Portion ca. 708 kcal/2973 kJ

TIPP

Fisch ist gesund und abwechslungsreich zuzubereiten. Viele Fischsorten, insbesondere der Lachs, werden inzwischen ganzjährig frisch und in guter Qualität angeboten. Egal, ob Sie ihn frisch oder tiefgefroren kaufen, Sie sollten ihn immer in einer Kühltasche transportieren. Frischer Fisch sollte noch am gleichen Tag zubereitet werden.

1. Den Fisch waschen, trocknen und mit Zitronensaft beträufeln. Die Kräuterbutter in einer Pfanne erhitzen und den Fisch darin von beiden Seiten ca. 5 Minuten braten. Mit Salz und Pfeffer würzen.

2. Anschließend herausnehmen, in Alufolie einschlagen und warm stellen. Den Fenchel putzen, waschen, trocknen und in dünne Scheiben schneiden. Das Fenchelgrün zum Garnieren beiseite legen.

3. Den Bratfond noch einmal erhitzen und den Fenchel darin andünsten. Nach ca. 3 Minuten alles mit dem Weißwein angießen und weitere 3 Minuten ziehen lassen.

4. Die Crème fraîche mit dem Senf verrühren und zum Gemüse geben. Den Fisch mit dem Fenchelgemüse auf Tellern anrichten und mit dem Fenchelgrün garnieren. Dazu passen Salzkartoffeln.

Schweineschnitzel

4 Schweineschnitzel (à 150 g)
Salz
Pfeffer
Grillbutter
400 g Tomaten
1 Zwiebel
2 Knoblauchzehen
2 El Himbeeressig
1 Tl Zucker
3 El Crème double

Kräuter zum Garnieren

Zubereitungszeit: ca. 25 Minuten
Pro Portion ca. 348 kcal/1461 kJ

1. Das Fleisch waschen, trocknen und mit Salz und Pfeffer würzen. Die Grillbutter in einer Pfanne erhitzen und die Schnitzel darin von beiden Seiten ca. 6 Minuten braten.

2. Das Fleisch in Alufolie einschlagen und warm stellen. Die Tomaten waschen, halbieren und in Spalten schneiden. Die Zwiebel schälen und in Würfel schneiden. Knoblauch schälen und durchpressen.

3. Den Bratfond noch einmal erhitzen und das Gemüse darin andünsten. Den Essig und den Zucker dazugeben, alles mit Salz und Pfeffer abschmecken und ca. 5 Minuten bei milder Hitze köcheln lassen.

4. Kurz vor dem Servieren die Crème double unterrühren. Die Schnitzel mit der Sauce auf Tellern anrichten, mit Kräutern garnieren und mit Bratkartoffeln servieren.

TIPP

Probieren Sie doch auch einmal die Variante des berühmten Ungarischen bzw. Paprikaschnitzel. Es wird mit Salz und Pfeffer gewürzt, mit Zitronensaft beträufelt und in Öl gebraten. Serviert wird es ähnlich, nämlich mit einer Sauce aus Sahne und Paprika.

Cordon Bleu

4 Scheiben Nackenkotelett vom Schwein (vom Metzger jeweils eine Tasche in das Fleisch schneiden lassen)
4 Scheiben gekochter Schinken
300 g Blauschimmelkäse
3 El süßer Senf
Salz
Pfeffer
Kümmelpulver
3 El Butterschmalz

Zubereitungszeit: ca. 25 Minuten
Pro Portion ca. 723 kcal/3037 kJ

1. Das Fleisch waschen und trocknen. Die Schinkenscheiben auf einer Arbeitsfläche ausbreiten. Den Käse in Scheiben schneiden und jeweils auf eine Schinkenscheibe legen.

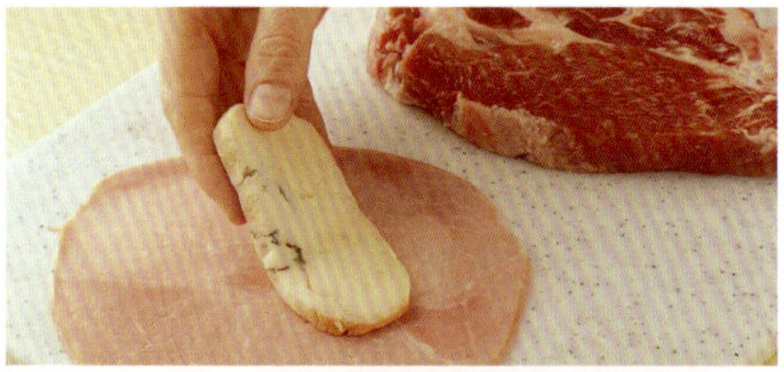

2. Die Schinkenscheiben umklappen und jeweils in die Fleischtaschen füllen. Die Öffnung mit Holzspießen feststecken. Die Koteletts mit Senf bestreichen und mit Salz, Pfeffer und etwas Kümmel würzen.

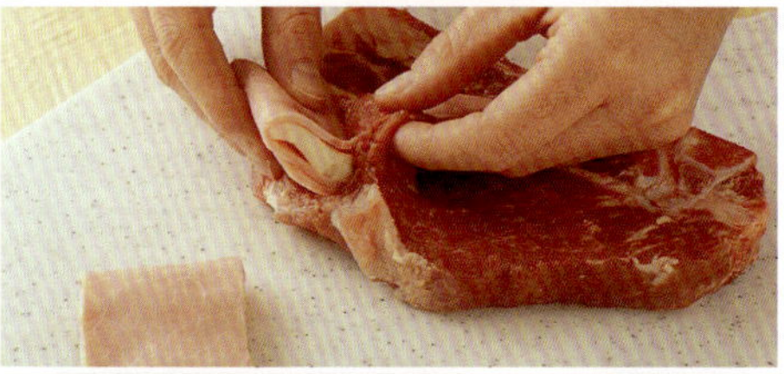

3. Das Schmalz in einer Pfanne erhitzen. Das Fleisch darin von beiden Seiten ca. 3 Min. kräftig braten. Die Hitze dann reduzieren und die Koteletts zugedeckt ca. 10 Min. braten. Auf Tellern anrichten und mit Kartoffelsalat servieren.

Schollenfilet in Traubensauce

1. Die Filets auftauen, waschen, trocknen und mit Zitrone beträufeln. Das Öl in einer Pfanne erhitzen und den Fisch darin von beiden Seiten ca. 4 Minuten braten. Mit Salz und Pfeffer würzen.

2. Anschließend die Filets in Alufolie einwickeln und warm stellen. Die Trauben waschen, trocknen, halbieren und entkernen. Den Bratfond noch einmal erhitzen und die Trauben darin andünsten.

3. Das Ganze mit dem Fond angießen. Die Pfefferkörner in einem Sieb abtropfen lassen und mit dem Weinbrand unterrühren. Bei milder Hitze ca. 3 Minuten ziehen lassen.

4. Zum Schluss den Schmand unterrühren und alles mit Salz und Pfeffer abschmecken. Den Fisch auf Tellern anrichten und die Sauce dazu servieren. Dazu passt Baguette.

600 g Schollenfilet (TK)
1 El Zitronensaft
4 El Olivenöl
Salz
Pfeffer
250 g blaue Trauben
180 ml Fischfond
2 El eingelegte grüne Pfefferkörner
2 cl Weinbrand
200 g Schmand

Zubereitungszeit: ca. 25 Minuten
Pro Portion ca. 413 kcal/1736 kJ

Seelachsfilet mit Gemüse

700 g Möhren
2 Zwiebeln
1 El Kräuterbutter
125 ml Gemüsefond
Salz
Pfeffer
Frisch geriebene Muskatnuss
2 El Schmand
4 Seelachsfilets (à 200 g)
1 El Zitronensaft
2 Eier
100 g Mehl
100 g Semmelbrösel
5 El Butterschmalz

Zubereitungszeit: ca. 30 Minuten
Pro Portion ca. 574 kcal/2411 kJ

1. Die Möhren waschen, schälen und in Scheiben schneiden. Die Zwiebeln schälen und in Würfel schneiden. Die Kräuterbutter in einer Pfanne erhitzen und die Möhren mit den Zwiebeln darin andünsten.

2. Das Gemüse mit der Brühe angießen und alles bei milder Hitze ca. 10 Minuten köcheln lassen. Mit Salz, Pfeffer und Muskat abschmecken. Dann den Schmand unterrühren.

3. Den Fisch waschen, trocknen und mit Zitronensaft beträufeln. Mit Salz und Pfeffer würzen. Die Eier verquirlen und auf einen Teller geben. Das Mehl und das Paniermehl auf zwei weitere Teller geben.

4. Die Filets erst im Mehl wenden, dann durch die Eimasse ziehen und zum Schluss in den Semmelbröseln wenden. Die Panade etwas andrücken. Butterschmalz in einer Pfanne erhitzen und die Filets darin ca. 8 – 10 Minuten braten. Dabei hin und wieder wenden. Den Fisch mit dem Gemüse auf Tellern anrichten und servieren. Dazu passen grüne Bandnudeln.

TIPP

Die Panade schützt zartes Fischfilet und auch helles Fleisch (Geflügel und Schwein) beim Braten vor dem Austrocknen. Vor allem Kinder mögen Fisch in dieser knusprigen Hülle am liebsten. Damit sich die Panade nicht löst, aber weich wird, sollte die angegebene Arbeitsfolge unbedingt eingehalten werden.

Geflügelleber mit Salbei

650 g Geflügelleber
1 El Mehl
1 Zwiebel
1 Knoblauchzehe
3 El Butterschmalz
Salz
Pfeffer
1/2 Bund Salbei

Zubereitungszeit: ca. 20 Minuten
Pro Portion ca. 651 kcal/2735 kJ

1. Die Leber waschen, sauber putzen, trocknen und mit etwas Mehl bestäuben. Die Zwiebel schälen und in Würfel schneiden. Die Knoblauchzehe schälen und durchpressen.

2. Butterschmalz in einer Pfanne erhitzen und die Zwiebeln darin andünsten. Das Fleisch und den Knoblauch dazugeben und alles mit Salz und Pfeffer kräftig abschmecken.

3. Salbei waschen, trocknen, die Blättchen abzupfen, in Streifen schneiden und zum Fleisch geben. Bei milder Hitze ca. 5 Minuten ziehen lassen. Auf Tellern anrichten und mit Kartoffelpüree servieren.

Lamm mit Kräuter-Kruste

500 g Lammfilet
Salz, Pfeffer
2 Eier
1 Tl Kräuter der Provence
100 g Paniermehl
3 El Mehl
3 El Butterschmalz

Kräuter zum Garnieren

Zubereitungszeit: ca. 25 Minuten
Pro Portion ca. 485 kcal/2034 kJ

1. Das Fleisch waschen, trocknen und in Scheiben schneiden. Mit Salz und Pfeffer würzen. Die Eier in einer Schüssel verquirlen. Die Kräuter mit dem Paniermehl mischen.

2. Mehl und Paniermehl getrennt auf Teller geben. Das Fleisch zunächst in dem Mehl wenden, dann durch die Eimasse ziehen und zum Schluss in dem Paniermehl wenden. Die Panade etwas andrücken.

3. Butterschmalz in einer Pfanne erhitzen und die Filets darin von jeder Seite ca. 4 Minuten braten. Auf Tellern anrichten, mit Kräutern garnieren und dazu Folienkartoffeln mit Sauerrahm servieren.

Beschwipstes Schweinefilet

600 g Schweinefilet
2 El Butterschmalz
Salz
Pfeffer
400 g Schattenmorellen aus dem Glas
3 El Aprikosenkonfitüre
50 ml Aprikosensaft
150 ml Kirschwasser
200 g Schmand

Zitronenmelisse zum Garnieren

Zubereitungszeit: ca. 25 Minuten
Pro Portion ca. 627 kcal/2635 kJ

1. Das Fleisch waschen, trocknen und in Scheiben schneiden. Butterschmalz in einer Pfanne erhitzen und die Filets darin von jeder Seite ca. 1 Minute kräftig anbraten.

2. Die Filets dann bei milder Hitze ca. 6 Minuten weiterbraten. Mit Salz und Pfeffer würzen. Anschließend in Alufolie einwickeln und warm stellen. Die Kirschen in einem Sieb abtropfen lassen.

3. Den Bratfond noch einmal erhitzen und die Kirschen darin schmoren. Die Konfitüre unterrühren und das Fleisch wieder dazugeben. Den Saft dazugeben. Das Kirschwasser darüber träufeln.

4. Mit einem extra langen Streichholz den Alkohol anzünden, abbrennen lassen. Den Schmand unterrühren. Alles auf Tellern anrichten und mit Melisse garniert servieren. Dazu passen gebratene Zucchini.

Rindersteaks mit Sherrysauce

4 Scheiben Rinderfilet
(à 200 g)
2 Zwiebeln
2 Knoblauchzehen
3 El Olivenöl
Salz
Pfeffer
150 ml Rinderfond
100 ml trockener Sherry
1 El Sahnemeerrettich
2 El Apfelsaft

Zubereitungszeit: ca. 30 Minuten
Pro Portion ca. 340 kcal/1428 kJ

TIPP

Das Steak ist das beste Stück vom Rind. Ob Ihre Steaks gut gelingen, hängt von der Fleischqualität und von der Bratzeit ab. Als Faustregel für ein Steak von 200 g gilt:
1 Minute: sehr englisch - fast roh
3 Minuten: englisch/rare - innen fast roh
4 Minuten: medium - fast durchgebraten
6 Minuten: well done - gut durchgebraten.

1. Das Fleisch waschen und trocknen. Die Zwiebeln schälen und in Würfel schneiden. Den Knoblauch schälen und durch die Knoblauchpresse drücken.

2. Das Öl in einer Pfanne erhitzen und die Filets darin von beiden Seiten ca. 1 Minute kräftig anbraten. Die Hitze reduzieren, Zwiebeln und Knoblauch dazugeben. Alles mit Salz und Pfeffer würzen.

3. Nach ca. 3 Minuten die Filets in Alufolie einwickeln und warm stellen. Den Fond noch einmal erhitzen, den Rinderfond einrühren. Den Sherry mit dem Meerrettich verrühren und dazugeben.

4. Alles ca. 5 Minuten ziehen lassen. Kurz vor dem Servieren den Apfelsaft unterrühren. Zuletzt das Fleisch mit der Sauce auf Tellern anrichten und mit Kartoffelröschen servieren.

Rein in den Ofen!

Der Ofen – das Herzstück einer jeden Küche, um den das kulinarische Treiben kreist. Gemüse, Käse, Fleisch und Fisch: Die unterschiedlichsten Zutaten lassen sich beliebig zu ganz neuen Gerichten mit Pfiff kombinieren. Ohne Stress vorbereitet und zur rechten Zeit „rein in den Ofen", lassen sie Zeit für eine schön gedeckte Tafel, einen gemütlichen Aperitif und geben dem Gastgeber Zeit zu glänzen und sich seinen Gästen zu widmen.

Scharfe Asia-Entenbrust

3 Entenbrustfilets mit Haut
3 El Sesamöl
3 El Chiliöl
2 Stängel Zitronengras
1 Bund Frühlingszwiebeln
2 Zwiebeln
1 frisches Stück Galgant (2 cm)
5 El Fischsauce
3 El Zitronensaft
3 getrocknete rote Chilischoten
2 Grapefruits
125 ml Asiafond
125 ml Kokosmilch
400 g Schlangenbohnen

Zubereitungszeit: ca. 50 Minuten
Pro Portion ca. 921 kcal/3868 kJ

1. Die Entenbrust waschen, trocknen und die Haut kreuzweise einschneiden. Den Backofen auf 160° C vorheizen.

2. Das Öl in einem Wok erhitzen und die Entenbrust auf der Hautseite darin anbraten. Dann in eine flache ofenfeste Form legen und im Backofen auf der mittleren Einschubleiste ca. 20 Minuten backen.

3. Das Zitronengras putzen, waschen und fein hacken. Die Frühlingszwiebeln putzen, waschen und klein schneiden. Die Zwiebeln schälen und würfeln. Galgant schälen und fein hacken.

4. Das Bratfett der Entenbrust noch einmal erhitzen und das Gemüse darin andünsten. Fischsauce und Zitronensaft dazugeben. Die Chilischoten zerbröseln und unterrühren.

5. Die Grapefruits bis auf die weiße Haut schälen, die Filets herausschneiden und zum Gemüse geben. Asiafond und Kokosmilch angießen und 4 Minuten köcheln lassen.

6. Die Schlangenbohnen zum Gemüse geben, ca. 8 Minuten ziehen lassen und alles zusammen anrichten.

TIPP

Zitronengras, auch „Sereh" genannt, ist eine Grasart mit den gleichen ätherischen Ölen, wie sie Zitronen besitzen. Sein duftiges Zitronenaroma entwickelt sich erst richtig beim Garen, wird aber nach dem Kochen nicht mit gegessen. Ähnlich wie bei den Frühlingszwiebeln werden bei der frischen Pflanze die welken Außenblätter entfernt und nur die unteren dicken Teile verwendet. Zitronengras hält sich gut verpackt mehrere Wochen im Gemüsefach des Kühlschranks.

Pikante Ofenkartoffeln

1 kg fest kochende Kartoffeln
Salz
1/2 Tl Kümmelkörner
3 El Olivenöl
250 g Champignons
100 g schwarze Oliven ohne Stein
250 g Cherrytomaten
1 getrocknete Chilischote
Pfeffer
1 Bund Basilikum
4 El Walnussöl

Zubereitungszeit: ca. 45 Minuten
Pro Portion ca. 477 kcal/2003 kJ

1. Die Kartoffeln waschen und in leicht gesalzenem Wasser mit den Kümmelkörnern ca. 20 Minuten garen. Ein Backblech mit Olivenöl auspinseln und den Backofen auf 180 °C vorheizen.

2. In der Zwischenzeit die Pilze putzen, waschen und in Scheiben schneiden. Die Oliven in einem Sieb abtropfen lassen und halbieren. Die Kartoffeln abkühlen lassen.

3. Die Tomaten waschen und halbieren, die Kartoffeln in Stücke schneiden. Die Zutaten mit den Kartoffeln mischen und auf dem Blech verteilen. Die Schote darüber bröseln. Mit Salz und Pfeffer würzen.

4. Das Basilikum waschen, trocknen, die Blättchen abzupfen und in Streifen schneiden. Über die Zutaten verteilen. Das Walnussöl darüber träufeln und alles im Backofen auf der mittleren Einschubleiste ca. 20 Minuten backen. Dabei hin und wieder wenden. Auf Tellern anrichten und servieren. Dazu passt ein bunter Salat.

Exotisch-süße Lasagne

1. Den Backofen auf 180 °C vorheizen. Die Früchte schälen, die Steine der Mangos entfernen und alles erst in Streifen und dann in Würfel schneiden.

2. Den Frischkäse mit dem Rohrzucker und dem Rum verrühren. Die Früchte unterrühren und die Masse mit Zimt und Kardamompulver abschmecken.

3. Eine ofenfeste Form mit Butter ausstreichen. Die Käsemasse und die Lasagneblätter abwechselnd in die Form geben. Die Vanillesauce nach Packungsanweisung zubereiten.

4. Die Kokosraspel darunter rühren. Die Sauce über die Lasagne verteilen und alles im Backofen auf der mittleren Einschubleiste ca. 20 Minuten backen. Auf Tellern anrichten und servieren.

3 Bananen
3 Kiwis
2 Mangos
1/2 Ananas
500 g Frischkäse
2 El Rohrzucker
5 El weißer Rum
1/2 Tl Zimt
1/2 Tl Kardamompulver
Butter für die Form
8 Lasagneblätter
200 ml Vanillesauce
4 El Kokosraspel

Zubereitungszeit: ca. 25 Minuten (plus Backzeit)
Pro Portion ca. 516 kcal/2169 kJ

Pfannen-Michel

7 Vollkornbrötchen
500 ml Milch
3 Eier
100 g Vanillezucker
1 Tl Zimtpulver
1/2 Tl Nelkenpulver
800 g Pflaumen aus dem Glas
Butter für die Form
100 g Butter
1 El Zitronensaft
1 El abgeriebene Zitronenschale

Zubereitungszeit: ca. 30 Minuten
Pro Portion ca. 826 kcal/3469 kJ

TIPP

Damit die Eier perfekt getrennt werden können, muss man zwei Tassen oder Schälchen bereitstellen. Das Ei am Rand der ersten Tasse aufschlagen. Die beiden Hälften vorsichtig auseinander drücken und dabei über das erste Gefäß halten. Das Eiweiß kann so ablaufen. Das Eigelb dann von einer Eihälfte in die andere schütten, bis das ganze Eiweiß abgelaufen ist. Aber Vorsicht, dass das Eigelb dabei nicht aufplatzt.

1. Die Brötchen in Stücke schneiden und in eine große Schüssel geben. Die Milch leicht erwärmen und darüber gießen. Alles ca. 20 Minuten ziehen lassen, bis die Milch aufgesogen ist.

2. Inzwischen den Backofen auf 180 °C vorheizen. Die Eier trennen. Das Eiweiß steif schlagen. Das Eigelb mit dem Zucker, dem Zimt und dem Nelkenpulver schaumig rühren, zur Brötchenmasse geben.

3. Die Pflaumen in einem Sieb abtropfen lassen und ebenfalls dazugeben. Alles gut mischen. Das Eiweiß unterheben. Eine ofenfeste Form mit Butter ausstreichen und die Masse einfüllen.

4. Butter erhitzen, mit Zitronensaft und -schale verrühren und darauf geben. Das Ganze im Backofen auf der mittleren Einschubleiste ca. 30 Minuten backen. Anrichten und servieren.

Feiner Eierauflauf

500 g Brokkoli
3 El Kräuterbutter
Salz
Pfeffer
Frisch geriebene Muskatnuss
100 g gehackte Mandeln
8 Eier
125 ml Milch
3 El Mineralwasser
Butter für die Form
4 geräucherte
Forellenfilets
3 El Crème fraîche
5 El Sahnemeerrettich

Zubereitungszeit: ca. 30 Minuten
Pro Portion ca. 751 kcal/3156 kJ

1. Den Backofen auf 180 °C vorheizen. Den Brokkoli putzen, waschen und in Röschen teilen. Die Butter in einer Pfanne erhitzen und den Brokkoli andünsten. Mit den Gewürzen abschmecken.

2. Die Mandeln dazugeben und alles weitere 3 Minuten braten. Inzwischen die Eier mit der Milch und dem Mineralwasser in einer Schüssel verrühren und mit Salz, Pfeffer und Muskat würzen.

3. Eine ofenfeste Form mit Butter ausstreichen. Brokkoli und Eimasse in die Form füllen und alles auf der mittleren Einschubleiste ca. 18 Minuten backen. Den Auflauf auf vier Tellern anrichten.

4. Je ein Forellenfilet darauf anrichten. Die Crème fraîche und den Sahnemeerrettich verrühren und einen Klecks dazu servieren. Dazu Dreikorntoast-Ecken reichen.

TIPP

Solch ein Eierauflauf oder Riesenomelett eignet sich gut für eine Hauptmahlzeit oder als Party-Snack. Je nachdem wie es portioniert wird. Die gebackene Eimasse wird im Gegensatz zum Pfannen-Omelett relativ fest, so dass sie sich gut schneiden lässt ohne zusammenzufallen.

Gemüse-Käse-Gratin

600 g Ratatouille (TK)
100 g Pfefferbutter
Salz
Pfeffer
4 El Rotwein
Butter für die Form
250 g geräucherte Putenbrust
200 g Roquefort

Zubereitungszeit: ca. 30 Minuten
Pro Portion ca. 496 kcal/2083 kJ

1. Das Gemüse auftauen lassen. Den Backofen auf 180 °C vorheizen. Die Pfefferbutter in einer Pfanne erhitzen und das Gemüse darin andünsten. Mit Salz und Pfeffer würzen.

2. Den Rotwein angießen. Alles unter Rühren ca. 2 Minuten weiterbraten. Eine ofenfeste Form mit Butter ausstreichen. Das Gemüse schichtweise hineingeben.

3. Die Pute in Streifen schneiden und darüber verteilen. Den Käse in Scheiben schneiden und die Putenbrust damit belegen. Den Auflauf im Backofen auf der mittleren Einschubleiste ca. 10 Minuten backen.

Gratinierte Meeresfrüchte

750 g Meeresfrüchte (TK)
2 El Chiliöl
2 El Olivenöl
Salz, Pfeffer
Butter für die Form
4 El Fernet Branca oder anderer Kräuterschnaps
50 g geriebener Parmesan
30 g Paniermehl
Je 1 Tl Rosmarin und Salbei, gerebelt
3 El Sonnenblumenöl
Rosmarin zum Garnieren

Zubereitungszeit: ca. 30 Minuten
Pro Portion ca. 496 kcal/2083 kJ

1. Die Meeresfrüchte nach Packungsanweisung auftauen lassen. Das Chiliöl mit dem Olivenöl in eine Pfanne geben und erhitzen. Die Meeresfrüchte darin andünsten.

2. Das Ganze mit Salz und Pfeffer würzen und ca. 4 Minuten ziehen lassen. Den Backofen auf 180 °C vorheizen. Eine ofenfeste Form mit Butter ausstreichen.

3. Die Meeresfrüchte in die Form füllen und mit dem Fernet Branca beträufeln. Den Parmesan mit dem Paniermehl, den Kräutern und dem Sonnenblumenöl vermengen.

4. Die Masse über die Meeresfrüchte verteilen. Das Ganze im Backofen auf der mittleren Einschubleiste ca. 6 Minuten goldbraun backen. Mit Rosmarin garniert servieren.

Schillerlocken-Auflauf

300 g Kartoffeln
Salz
1/2 Tl Kümmelkörner
500 g Schillerlocken
300 g eingelegte Rote Bete aus dem Glas
1 Bund Frühlingszwiebeln
200 g Tomaten
Butter für die Form
3 El gehobelter Gouda
200 g Schmand
3 Eier
Pfeffer

Zubereitungszeit: ca. 40 Minuten
Pro Portion ca. 537 kcal/2256 kJ

1. Den Backofen auf 180 °C vorheizen. Die Kartoffeln waschen und in leicht gesalzenem Wasser mit dem Kümmel ca. 20 Minuten garen. Die Schillerlocken in Scheiben schneiden.

2. Die Rote Bete in einem Sieb abtropfen lassen. Inzwischen die Zwiebeln putzen, waschen und in Ringe schneiden. Die Tomaten waschen, halbieren und in Scheiben schneiden. Die Kartoffeln abgießen und abkühlen lassen.

3. Eine ofenfeste Form mit Butter ausstreichen. Kartoffeln pellen, in Stücke schneiden. Mit Roter Bete, Tomaten und Fisch dachziegelartig in die Form schichten. Zwiebeln und Käse darüber streuen.

4. Den Schmand mit den Eiern verrühren und mit Salz und Pfeffer abschmecken. Den Schillerlocken-Auflauf im Backofen ca. 15 Minuten backen.

TIPP

Ofengerichte können Sie ganz ohne Stress zubereiten. Alles köchelt sanft vor sich hin und kann in der Form aufgetragen werden. Aber Vorsicht: Die Formen der Ofengerichte sind sehr heiß. Verwenden Sie also am besten immer eine feuerfeste Platte oder entsprechende Untersetzer. Ofengerichte lassen viel Zeit für einen hübsch gedeckten Tisch und einen gemütlichen Aperitif wie z.B. ein Glas Sherry.

Kraut-Pizza

500 g Sauerkraut
250 g Salami
250 g Mozzarella
4 Pizzaböden aus dem Kühlregal
6 El Tomatenmark
Salz
Pfeffer
1/2 Tl Kümmelkörner

Zubereitungszeit: ca. 30 Minuten
Pro Portion ca. 899 kcal/3777 kJ

TIPP

Pizza gibt es in den unterschiedlichsten Variationen. Erlaubt ist, was gefällt oder was Sie gerade im Haus haben. Und dabei ist alles so einfach mit den qualitativ hochwertigen, frischen Pizzaböden aus dem Kühlregal: Einfach mit Tomatenmark bestreichen, belegen und rein in den Ofen!

1. Das Sauerkraut in einem Sieb abtropfen lassen und anschließend in einem Küchentuch ausdrücken. Es muss ziemlich trocken sein, damit der Pizzaboden nicht durchweicht.

2. Den Backofen auf 180 °C vorheizen. Die Salami in Würfel schneiden. Den Mozzarella in einem Sieb abtropfen lassen und ebenfalls in Würfel schneiden.

3. Die Pizzaböden auf einer Arbeitsfläche ausbreiten und mit Tomatenmark bestreichen. Das Sauerkraut darauf verteilen. Die Salami und den Käse darüber streuen. Mit Salz, Pfeffer und Kümmel würzen.

4. Ein Backblech mit Backpapier auslegen und die Pizzen darauf verteilen. Im Backofen auf der mittleren Einschubleiste ca. 18 Minuten backen. Jeweils auf einen Teller geben und servieren.

Exotische Hähnchenkeulen

4 Hähnchenkeulen
Salz, Pfeffer
Ingwer- und Knoblauchpulver
3 El Butterschmalz
Butter für die Form
2 cl Sherry
200 g süßsauer eingelegter Ingwer (FP)
1 Avocado
125 ml Geflügelfond
2 El Orangensaft
150 g Schmand
Einige Korianderblättchen

Zubereitungszeit: ca. 40 Minuten
Pro Portion ca. 949 kcal/3987 kJ

1. Die Keulen waschen, trocknen und mit den Gewürzen bestreuen. Schmalz in einem Bräter erhitzen und die Keulen von beiden Seiten ca. 4 Minuten anbraten. Den Backofen auf 180 °C vorheizen.

2. Eine ofenfeste Form mit Butter ausstreichen, die Keulen hineinlegen. Den Sherry dazugeben. Alles auf der mittleren Einschubleiste ca. 30 Minuten backen. Ab und zu mit dem Sherryfond begießen.

3. Inzwischen den Ingwer in einem Sieb abtropfen lassen und den Saft dabei auffangen. In Stücke schneiden. Die Avocado schälen, halbieren, entkernen und in Spalten schneiden.

4. Den Bratfond noch einmal erhitzen und den Ingwer darin andünsten. Den Geflügelfond, den Orangensaft und den Ingwersaft dazugießen und ca. 5 Minuten ziehen lassen. Die Avocado dazugeben. Mit Salz, Pfeffer und Knoblauch abschmecken. Den Schmand unterrühren. Die Keulen mit der Sauce auf Tellern anrichten, mit Koriander garnieren und mit Reis servieren.

Gekräutertes Roastbeef

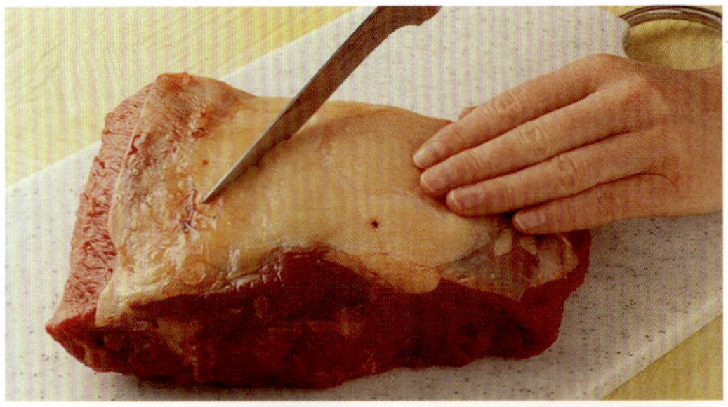

1. Das Fleisch waschen, trocknen und die Fettschicht mit einem scharfen Messer kreuzweise einschneiden. Den Backofen auf 225 °C vorheizen. Den Senf mit den fein gehackten Kräutern verrühren.

2. Die Zwiebeln schälen und fein hacken. Den Knoblauch schälen und durchpressen. Beides mit der Senfmischung verrühren. Paniermehl, Öl und Wein unterrühren, alles mit Salz und Pfeffer würzen.

3. Das Fleisch mit der Schwarte nach unten auf ein mit Backpapier ausgelegtes Backblech legen und die Oberseite mit der Senfmasse bestreichen. Auf der mittleren Einschubleiste ca. 50 Minuten backen.

4. Nach dem Braten ca. 10 Minuten ruhen lassen, damit sich der Fleischsaft gleichmäßig verteilen kann. Anschließend das Roastbeef in dünne Scheiben schneiden und auf Tellern anrichten. Dazu einen Meerrettich-Dip und Kräuter-Baguette servieren.

1 kg Roastbeef
3 El mittelscharfer Senf
1/4 Bund Petersilie
1/4 Bund Schnittlauch
2 Zwiebeln
2 Knoblauchzehen
3 El Paniermehl
2 El Olivenöl
2 El Rotwein
Salz
Pfeffer

Zubereitungszeit: ca. 20 Minuten (plus Backzeit)
Pro Portion ca. 554 kcal/2327 kJ

Bayrischer Krustenbraten

1 kg Schweinebraten aus der Schulter mit Schwarte
Salz
Pfeffer
Öl für die Form
1 Tl Kümmelkörner
Je 1 Tl Majoran, Thymian und Basilikum, gerebelt
500 ml Altbier
1 kg Gemüsezwiebeln
Kräuter zum Garnieren

Zubereitungszeit: ca. 30 Minuten (plus Zeit zum Braten)
Pro Portion ca. 662 kcal/2782 kJ

1. Den Backofen auf 180 °C vorheizen. Das Fleisch waschen, trocknen und die Schwarte mit einem scharfen Messer kreuzweise einschneiden. Mit Salz und Pfeffer einreiben.

2. Eine ofenfeste Form mit Öl ausstreichen. Das Fleisch mit der Schwarte nach oben in die Form legen und mit dem Kümmel und den Kräutern bestreuen. Das Bier dazugießen. Die Zwiebeln schälen, in Stücke schneiden und dazugeben.

3. Auf der mittleren Einschubleiste ca. 80 Minuten braten. Ab und zu mit dem Bier begießen. 10 Minuten vor Ende der Garzeit die Schwarte mit dem Bratfond bestreichen und den Ofengrill einschalten.

4. Den Braten vor dem Aufschneiden ca. 10 Minuten ruhen lassen, damit sich der Fleischsaft gleichmäßig verteilt. Dazu den Backofen ausschalten, die Tür öffnen und das Fleisch ziehen lassen. Den Braten dann in Scheiben schneiden, auf Tellern anrichten, mit Kräutern garnieren und mit Kartoffelpüree und Sauerkraut servieren.

TIPP

Als Alternative zu unserem Serviervorschlag bietet sich an, den bayrischen Krustenbraten mit Laugenbrezeln und süßem Senf zu servieren. Ein herzhaftes dunkles Weizenbier rundet den Genuss ab.

Lachsforelle aus dem Ofen

1 küchenfertige Lachsforelle (ca. 1,5 kg)
1 El Zitronensaft
Salz
Pfeffer
6 Stangen Sellerie
8 Tomaten
1/4 Bund Dill
1/2 Bund Petersilie
1 Tl Kräuter der Provence
80 g Grillbutter
2 cl Whiskey

Zubereitungszeit: ca. 20 Minuten (plus Zeit zum Garen)
Pro Portion ca. 485 kcal/2037 kJ

TIPP

So wird ein ganzer Fisch zerlegt: Legen Sie den Fisch auf eine Arbeitsplatte und schneiden Sie mit einem scharfen Messer entlang der Mittelgräte die Haut vom Kopf bis zum Schwanz ein. Mit einem Messer das Bauchfilet von den Gräten lösen. Die Mittelgräte etwas anheben und entfernen. Kopf und Schwanz werden dadurch automatisch mit entfernt.

1. Den Backofen auf 180 °C vorheizen. Den Fisch waschen, trocknen und mit Zitronensaft beträufeln. Dann mit Salz und Pfeffer würzen. Den Sellerie putzen, waschen und in Stücke schneiden.

2. Die Tomaten putzen, waschen, halbieren, den Stielansatz entfernen und in schmale Spalten schneiden. 2/3 der fein gehackten Kräuter mit Sellerie und Tomaten mischen.

3. Alles in die Forelle füllen. Die Öffnung mit Holzspießen feststecken. Alufolie mit 20 g Grillbutter einfetten, den Fisch darauf legen und mit Whiskey beträufeln. Die restliche Butter in Flöckchen darüber geben.

4. Die restlichen Kräuter darüber streuen. Die kurzen Seiten der Folie nach innen, die langen Seiten darüber schlagen. Den Fisch auf der mittleren Einschubleiste ca. 20 Minuten garen. Anrichten und mit einer Wildreismischung servieren.

Keine Angst vor Mehr

Besuch hat sich angekündigt - kein Problem für Sie. In diesem Kapitel finden Sie Anleitungen und Anregungen, die Vorfreude aufkommen lassen auf entspanntes Beisammensein mit Freunden, turbulente Partys oder abendfüllende Menüs für anspruchsvolle Gäste. Auch diese Feuertaufe werden Sie mit Leichtigkeit bestehen!

Kräuter-Wein-Suppe

3 Zwiebeln
1 Knoblauchzehe
1/2 Bund Petersilie
4 El Butter
500 ml Kalbsfond
500 ml trockener Weißwein
Salz, Pfeffer
Muskatnusspulver
4 El Crème fraîche
2 Eier
4 El Toastbrotwürfel
1 El Butter

Zubereitungszeit: ca. 15 Minuten
Pro Portion ca. 340 kcal/1431 kJ

1. Die Zwiebeln schälen und in Würfel schneiden. Die Knoblauchzehe schälen und durchpressen. Petersilie sehr fein hacken.

2. Die Butter in einem Topf erhitzen und die Zwiebeln mit dem Knoblauch und der Petersilie darin andünsten. Nach ca. 3 Min. mit dem Kalbsfond und dem Weißwein angießen und mit Salz, Pfeffer und Muskat würzen. Alles bei milder Hitze ca. 5 Min. ziehen lassen.

3. Den Backofen auf 180 °C vorheizen. Die Crème fraîche in die heiße, aber nicht mehr kochende Suppe geben. Die Eier trennen. Das Eiweiß steif schlagen.

4. Das Eigelb in die Suppe rühren. Den Eischnee über die Suppe verteilen und alles im Backofen ca. 8 Min. backen. Die Brotwürfel in Butter anbraten und mit der Suppe servieren.

Marinierte Schweinefilets

1 rote Zwiebel
2 grüne Chilischoten
2 Knoblauchzehen
3 El Kräutersenf
Salz
etwas frisches Basilikum
1 El Kümmelpulver
1 El Korianderpulver
1 Tl Rosenpaprika
3 El Himbeeressig
4 El Walnussöl
600 g Schweinefilet
Pfeffer
750 g grüne Bohnen
2 El Kräuterbutter

Zubereitungszeit: ca. 50 Minuten
Pro Portion ca. 380 kcal/1598 kJ

1. Die Zwiebel schälen und in Würfel schneiden. Die Chilischoten waschen, halbieren, die Kerne entfernen und in Streifen schneiden. Die Knoblauchzehen schälen und durchpressen.

2. Die Zwiebeln mit den Chillies und dem Knoblauch in eine Schüssel geben und mit dem Senf, dem Salz und dem klein gehackten Basilikum verrühren. Das Ganze mit Kümmel, Koriander und Paprika würzen. Den Essig und das Öl unterrühren.

3. Das Fleisch waschen, trocknen, mit Salz und Pfeffer einreiben und in Scheiben schneiden. In die Marinade geben und alles ca. 30 Min. ziehen lassen.

4. Inzwischen die Bohnen putzen, waschen und trocknen. Dann in leicht gesalzenem Wasser ca. 4 Min. garen. Das Fleisch aus der Marinade nehmen und in einer beschichteten Pfanne ca. 6 Min. braten.

5. Die Bohnen in einem Sieb abtropfen lassen, in eine Schüssel geben, die Kräuterbutter darüber verteilen und schmelzen lassen. Das Fleisch mit dem Gemüse auf Tellern anrichten und servieren. Dazu passen Bratkartoffeln.

Vanilleeis mit heißen Kirschen

600 g Sauerkirschen aus dem Glas
2 cl Kirschwasser
3 El Kirschkonfitüre
Stärkepulver
8 kleine Bällchen Vanilleeis

Zitronenmelisse zum Garnieren

Zubereitungszeit: ca. 10 Minuten
Pro Portion ca. 243 kcal/1023 kJ

1. Die Kirschen in einem Sieb abtropfen lassen und den Saft dabei auffangen. Den Saft in einen Topf geben und das Kirschwasser und die Konfitüre unterrühren. Das Ganze langsam erwärmen.

2. Das Stärkepulver mit etwas Wasser anrühren und zum Kirschsaft geben. Kurz aufkochen lassen und vom Herd nehmen. Die Kirschen vorsichtig unterrühren. Die Sauce auf Teller geben und das Eis darauf anrichten. Alles mit etwas Zitronenmelisse garniert servieren.

Fruchtiges Entenmenü

Endiviensalat

1 Kopf Endivie
2 Papayas
5 El Zitronensaft
200 g Lychees aus der Dose
150 g grob gehackte Walnusskerne
300 g Frischkäse
3 El Sahne
125 ml Buttermilch
4 El Multivitaminsaft
1 El süßer Senf

Zubereitungszeit: ca. 15 Minuten
Pro Portion ca. 546 kcal/2294 kJ

1. Den Salat waschen, trocknen und in Streifen schneiden. Die Papayas schälen, halbieren, entkernen und in Würfel schneiden. Den Zitronensaft darüber geben und untermischen.

2. Die Lychees in einem Sieb abtropfen lassen und den Saft dabei auffangen. Den Salat mit der Papaya, den Lychees und den Walnüssen in eine Schüssel geben.

3. Den Frischkäse mit der Sahne, der Buttermilch, dem Multivitaminsaft und 3 El Lycheesaft verrühren. Den Senf dazugeben und alles über den Salat verteilen. Das Ganze auf Tellern anrichten und servieren.

Ente mit Lorbeer und Zitrone

800 g Entenbrustfilet ohne Haut
4 Zwiebeln
3 Knoblauchzehen
10 Lorbeerblätter
150 ml Walnussöl
150 ml Zitronensaft
Salz, Pfeffer
1 Bund Basilikum
1 Zitrone
200 g schwarze Oliven ohne Stein

Zubereitungszeit: ca. 1 Stunde
Pro Portion ca. 877 kcal/3684 kJ

1. Das Fleisch waschen und trocknen. Die Zwiebeln schälen und in Würfel schneiden. Die Knoblauchzehen schälen und durchpressen. 5 Lorbeerblätter zerbröseln, mit dem Öl und dem Zitronensaft verrühren und mit Salz und Pfeffer kräftig würzen. Das Ganze über das Fleisch geben und alles ca. 30 Min. ziehen lassen.

2. Den Backofen auf 180 °C vorheizen. Inzwischen das Basilikum waschen, trocknen und in Streifen schneiden. Die Zitrone waschen und in dünne Scheiben schneiden. Die Oliven in einem Sieb abtropfen lassen und anschließend halbieren.

3. Die restlichen Lorbeerblätter auf die Fettpfanne des Backofens verteilen und das Fleisch darauf anrichten. Die Oliven, die Zitronenscheiben und das Basilikum darüber verteilen. Alles noch einmal mit etwas Marinade beträufeln.

4. Im Backofen auf der mittleren Einschubleiste ca. 20 Min. garen. Kurz vor Ende der Garzeit den Backofengrill anschalten, damit das Fleisch eine schöne, braune Kruste bekommt. Das Fleisch in Scheiben schneiden, auf Tellern anrichten und mit Wildreis und gebratenen Zucchini servieren.

Gebackene Äpfel

500 g Cocktailäpfel aus der Dose
Butter für die Form
200 ml Cidre
80 g Vanillezucker
200 g Crème double
Je 1 Tl Zimt-, Nelken- und Anispulver
80 g Haselnussblättchen

Zitronenmelisse zum Garnieren

Zubereitungszeit: ca. 20 Minuten
Pro Portion ca. 371 kcal/1558 kJ

1. Die Äpfel in einem Sieb abtropfen lassen. Eine ofenfeste Form mit Butter ausstreichen und die Äpfel hineinlegen. Den Cidre mit dem Vanillezucker und der Crème double verrühren und die Gewürze dazugeben.

2. Die Creme über die Äpfel gießen und die Haselnussblättchen darüber streuen. Das Ganze dann im Backofen auf der mittleren Einschubleiste ca. 15 Min. backen. Mit etwas Zitronenmelisse garnieren und servieren.

Feines Festtagsmenü

Avocado mit Ziegenkäse-Cocktail

8 kleine Ziegenfrisch-käsetaler
3 El Ahornsirup
Salz
Pfeffer
4 El Himbeeressig
4 El Kürbiskernöl
4 El Kürbiskerne
2 Avocados
3 El Zitronensaft

Zubereitungszeit: ca. 15 Minuten
Pro Portion ca. 697 kcal/2930 kJ

1. Den Frischkäse in Würfel schneiden und in eine Schüssel geben. Den Ahornsirup darüber träufeln und alles mit Salz und Pfeffer würzen. Den Essig mit dem Öl verrühren und darüber verteilen. Die Kürbiskerne grob hacken und in einer Pfanne ohne Fett anrösten. Zum Käse geben.

2. Die Avocados halbieren, den Kern entfernen und bis auf einen Rand von 1 cm aushöhlen. Mit Zitronensaft beträufeln. Das Fruchtfleisch in Würfel schneiden und zum Käse geben. Die Käsemasse in die Avocados füllen und servieren.

Kalbsrollbraten mit Wirsing-Gemüse

1 kg Kalbsschulter (vom Metzger zur Roulade schneiden lassen)
Salz, Pfeffer
300 g Kalbsbrät
100 g Tomato al gusto mit Kräutern
2 El grober Senf
2 El Paniermehl
100 g Italienische Kräuter (TK)
4 El Butterschmalz
150 ml Kalbsfond
150 ml Rotwein
1 kg Wirsing
2 Gemüsezwiebeln
3 El Grillbutter
150 ml Gemüsebrühe
100 g Schmand
Kümmelpulver

Zubereitungszeit: ca. 80 Minuten
Pro Portion ca. 830 kcal/3488 kJ

1. Das Fleisch waschen, trocknen, auf einer Arbeitsfläche ausbreiten und von innen mit Salz und Pfeffer würzen. Das Kalbsbrät mit den Tomaten in einer Schüssel vermengen. Den Senf, das Paniermehl und die Kräuter dazugeben. Mit Salz und Pfeffer würzen. Alles auf dem Fleisch verteilen, aufrollen und mit etwas Küchengarn festbinden.

2. Butterschmalz in einem Bräter erhitzen und die Roulade darin von allen Seiten anbraten.

3. Nach ca. 8 Min. den Kalbsfond und den Rotwein angießen. Bei milder Hitze ca. 60 Min. ziehen lassen.

4. Inzwischen den Wirsing waschen, halbieren, den Strunk entfernen und in Streifen schneiden. Die Zwiebeln schälen und würfeln. Die Grillbutter in einem Topf erhitzen und den Wirsing mit den Zwiebeln darin andünsten. Mit Salz und Pfeffer würzen.

5. Nach ca. 3 Min. die Gemüsebrühe dazugeben und alles weitere 7 Min. ziehen lassen. Den Schmand unterrühren. Mit Salz, Pfeffer und Kümmel würzen. Das Fleisch in Scheiben schneiden, mit dem Gemüse und Herzoginkartoffeln anrichten und servieren.

TIPP

Herzoginkartoffeln – unter Gourmets besser bekannt als Pommes duchesse – sind im Ofen gebackene Kartoffelrosetten, die auf ihrem Teller besonders dekorativ anmuten. Geschälte Kartoffeln in Salzwasser kochen, abgießen, pürieren, mit Salz, pfeffer, 1 Ei und etwas Milch verrühren und durch eine Sterntülle in Rosettenform auf ein Backblech spritzen. Mit verquirltem Ei bestreichen und im Ofen leicht braun überbacken.
Herzoginkartoffeln gibt es auch als Fertigprodukt im Supermarkt.

Gebratene Ananas

12 Scheiben Ananas aus der Dose
100 g gemahlene Mandeln
100 g Semmelbrösel
Je 1/2 Tl Ingwer-, Kardamom- und Nelkenpulver
2 Eier, 3 El Butter
400 g Naturjoghurt

Zubereitungszeit: ca. 10 Min.
Pro Portion ca. 522 kcal/2192 kJ

1. Die Ananas abtropfen lassen und den Saft dabei auffangen. Die Mandeln mit den Semmelbröseln und den Gewürzen mischen. Die Eier verquirlen. Die Ananasscheiben durch die Eimasse ziehen und anschließend in den Semmelbröseln wenden.

2. Die Butter in einer Pfanne erhitzen und die Ananasscheiben darin braten. Den Joghurt mit dem Ananassaft verrühren und mit den Ananasscheiben auf Tellern anrichten und servieren.

Spanisches Duett

Paella

200 g Hähnchenbrustfilet
200 g Schweinefilet
3 Zwiebeln
2 Knoblauchzehen
2 rote Paprikaschoten
200 g Venusmuscheln
4 Tomaten
100 g Chorizo oder Salami
6 El Erdnussöl
300 g Mittelkornreis
2 Döschen Safranpulver
1 El Kurkuma
2 El Paprikapulver
1 El Chilipulver
350 ml Gemüsebrühe
125 ml trockener Weißwein
200 g gekochte Shrimps
100 g Erbsen (TK)
Salz, Pfeffer

Zitronenscheiben zum Garnieren

Zubereitungszeit: ca. 25 Minuten (plus Zeit zum Garen)
Pro Portion ca. 905 kcal/3801 kJ

1. Den Backofen auf 180 °C vorheizen. Das Fleisch waschen, trocknen und in Würfel schneiden. Die Zwiebeln schälen und in Würfel schneiden. Die Knoblauchzehen schälen und durchpressen.

2. Die Paprikaschoten waschen, trocknen, längs halbieren, entkernen und in Streifen schneiden. Die Muscheln in einem Sieb abtropfen lassen.

3. Die Tomaten waschen, trocknen, halbieren, den Stielansatz entfernen und in schmale Spalten schneiden. Die Wurst in Streifen schneiden.

4. Das Öl in einem Bräter erhitzen und das Fleisch darin ca. 6 Min. braten. Anschließend herausnehmen.

5. Die Zwiebeln mit dem Knoblauch und den Paprikastreifen in den Bratfond geben und andünsten.

6. Den ungekochten Reis dazugeben und mit den Gewürzen abschmecken. Den Fond und den Wein angießen. Alles im Backofen auf der mittleren Einschubleiste ca. 15 Min. garen.

7. Ist die Flüssigkeit verkocht, die Tomaten, die Wurst, die Muscheln, die Shrimps, das Fleisch und die aufgetauten Erbsen dazugeben und weitere 8 Min. ziehen lassen.

8. Vor dem Servieren das Ganze mit Salz und Pfeffer abschmecken. Auf Tellern anrichten und mit Zitronenscheiben garniert servieren.

TIPP

Für die echte spanische Paella gibt es kein einheitliches Rezept. Man kann sie mit den Zutaten zubereiten, die gerade verfügbar sind. Wichtig ist die Grundlage: der goldgelbe Safranreis.

Sangria

2 Äpfel
2 Zitronen
1 Orange
1 Grapefruit
100 g brauner Zucker
2 El Vanillezucker
1 l spanischer Rotwein
2 cl Weinbrand oder Brandy
500 ml Mineralwasser

Zubereitungszeit: ca. 10 Minuten (plus Zeit zum Ziehen)
Pro Portion ca. 167 kcal/703 kJ

1. Die Äpfel waschen, schälen, halbieren, das Kerngehäuse entfernen und das Fruchtfleisch in dünne Scheiben schneiden.

2. Die Zitronen, die Orange und die Grapefruit schälen, die weiße Haut entfernen und die einzelnen Filets herausschneiden.

3. Die Früchte in einen großen Krug geben und den Rohrzucker und den Vanillezucker darüber streuen. Alles mit dem Wein und dem Weinbrand angießen, umrühren und ca. 2 Stunden im Kühlschrank ziehen lassen.

4. Kurz vor dem Servieren das eiskalte Mineralwasser dazugeben. Alles in Longdrinkgläser füllen und mit einigen Früchten garniert servieren.

Prager Brotzeit

Pikante Rote Bete

600 g Rote Bete aus dem Kühlregal
3 El Himbeeressig
6 El Kürbiskernöl
Salz
Pfeffer
1 Tl Kümmelkörner
250 g Frischkäse
5 El Sahne

Kresse zum Garnieren

Zubereitungszeit: ca. 10 Minuten (plus Zeit zum Ziehen)
Pro Portion ca. 331 kcal/1391 kJ

1. Die Rote Bete waschen, trocknen und in Würfel schneiden. In eine Schüssel geben. Den Essig, das Öl, Salz, Pfeffer und Kümmelkörner verrühren und über die Rote Bete geben. Alles ca. 20 Min. ziehen lassen.

2. Dann den Frischkäse mit der Sahne in einer Schüssel verrühren und die Rote Bete unterheben. Alles auf Glasteller verteilen und mit Kresse garniert servieren.

Prager Schinken

500 g Backmischung für Bauernbrot (FP)
1 El Kümmelkörner
Mehl zum Ausrollen
600 g gekochter, geräucherter Schinken am Stück
200 g Basilikumpesto
4 El Paniermehl
125 ml Pilsener Bier

Zubereitungszeit: ca. 30 Minuten (plus Backzeit)
Pro Portion ca. 785 kcal/3297 kJ

1. Den Backofen auf 180 °C vorheizen. Die Backmischung nach Packungsanweisung zubereiten und den Kümmel unterkneten. Eine Arbeitsfläche mit Mehl bestäuben und den Teig auf eine Größe von ca. 30 x 40 cm ausrollen.

2. Den gut abgehangenen Schinken in die Mitte des Teiges legen. Das Pesto mit dem Paniermehl und dem Bier verrühren und den Schinken damit bestreichen.

3. Den Teig einschlagen, die Ränder mit etwas Wasser anfeuchten und zusammendrücken. Ein Backblech mit Backpapier auslegen und den gefüllten Teig darauf legen.

4. Das Ganze im Backofen auf der mittleren Einschubleiste ca. 50 Min. backen. Dabei die Oberfläche hin und wieder mit der Bier-Pesto-Mischung bestreichen, damit sie schön knusprig wird.

5. Den Prager Schinken vor dem Anschneiden ca. 6 Min. ruhen lassen. Dann in Scheiben schneiden und auf Tellern anrichten. Dazu passen Salzkartoffeln und ein Pilsener Urquell nach Möglichkeit vom Fass.

TIPP

Normalerweise wird Öl nicht im Kühlschrank aufbewahrt, weil es leicht flockig wird. Leicht verderbliche Öle wie das Kürbiskernöl sollten allerdings nur im Kühlschrank gelagert werden. Auch wenn es etwas dickflüssig oder flockig wird, wird der Geschmack des Öls nicht beeinträchtigt, es hat nur einen kleinen Schönheitsfehler. Dennoch sollte es möglichst schnell aufgebraucht werden.

Sommer-Intermezzo

Herzhafte Gemüse-Fisch-Suppe

10 Möhren
1 Bund Frühlingszwiebeln
200 g Kartoffeln
4 El Olivenöl
200 g Tomaten
1 l Fischfond
400 g Seelachsfilet
2 TL Kräuter der Provence
250 g Flusskrebsfleisch
Salz
Pfeffer
Korianderpulver
8 Vollkornbrötchen
3 Eiweiß

Zubereitungszeit: ca. 40 Minuten
Pro Portion ca. 625 kcal/2625 kJ

1. Die Möhren waschen, schälen und in Streifen schneiden. Die Frühlingszwiebeln waschen und in Ringe schneiden. Die Kartoffeln waschen, schälen und in Würfel schneiden.

2. Das Öl in einem Topf erhitzen und das Gemüse darin andünsten. Die Tomaten kurz in kochendes Wasser geben, abschrecken, klein schneiden und zum Gemüse geben. Alles ca. 3 Minuten ziehen lassen. Mit dem Fischfond angießen und weitere 15 Min. bei milder Hitze ziehen lassen.

3. Inzwischen den Fisch waschen, trocknen und in Würfel schneiden. Ca. 6 Min. vor Ende der Garzeit mit den Kräutern zur Suppe geben. Das Krebsfleisch ebenfalls dazugeben und darin erwärmen. Die Suppe mit Salz, Pfeffer und Korianderpulver abschmecken.

4. Von den Brötchen einen Deckel abschneiden. Das Innere etwas aushöhlen und mit dem Eiweiß einstreichen. Die Suppe einfüllen und servieren.

Exotische Früchtecreme

400 g Exotische Obstmischung (TK)
4 cl Rum
2 El brauner Zucker
1 El Zitronensaft
300 g Mascarpone
150 g Sahnejoghurt
8 El Kokosraspel

Zitronenmelisse zum Garnieren

Zubereitungszeit: ca. 35 Minuten
Pro Portion ca. 362 kcal/1520 kJ

1. Die Obstmischung auftauen lassen. Den Rum mit dem Zucker und dem Zitronensaft verrühren. Über die Früchte geben und ca. 30 Min. ziehen lassen.

2. Inzwischen den Mascarpone mit dem Joghurt verrühren. Die Raspel in einer Pfanne ohne Fett anrösten.

3. Die Hälfte der Raspel zusammen mit dem Obst unter die Joghurtcreme ziehen. Die Masse portionsweise in Glasschüsseln anrichten, mit den restlichen Kokosraspeln bestreuen und mit Zitronenmelisse garniert servieren.

Gänseleber-Taler

300 g Gänseleberpastete
4 El Grillbutter
2 cl Cognac
Salz, Pfeffer
12 Cocktailkirschen
12 Pumpernickeltaler
2 Kästchen Kresse

Zubereitungszeit: ca. 10 Minuten
Pro Portion ca. 395 kcal/1660 kJ

1. Die Pastete mit der Grillbutter und dem Cognac verrühren. Mit Salz und Pfeffer abschmecken. Die Cocktailkirschen in einem Sieb abtropfen lassen.

2. Die Masse auf die Pumpernickeltaler streichen und jeweils mit einer Kirsche und Kresse garniert servieren.

Tuna-Tarteletts

200 g Blätterteig (TK)
2 Eigelb
150 g Frischkäse
3 El Sahne
3 El Buttermilch
Salz, Pfeffer
1/2 Tl Worcestersauce
1/2 Bund Frühlingszwiebeln
300 g Thunfisch naturelle aus der Dose
100 g Rauke

Dill und Zitronenscheiben zum Garnieren

Zubereitungszeit: ca. 25 Minuten
Pro Portion ca. 653 kcal/2744 kJ

1. Den Backofen auf 180 °C vorheizen. Den Blätterteig auf einer Arbeitsplatte ausbreiten. 8 Tartelettförmchen von ca. 6 cm Durchmesser damit auslegen und etwas andrücken. Den Boden mit einer Gabel mehrmals einstechen. Die Tarteletts mit dem verquirlten Eigelb bestreichen und im Backofen auf der mittleren Einschubleiste ca. 15 Min. goldgelb backen.

2. Inzwischen den Frischkäse mit der Sahne und der Buttermilch verrühren und mit Salz, Pfeffer und der Worcestersauce abschmecken. Die Frühlingszwiebeln waschen und in Ringe schneiden. Den Thunfisch abtropfen lassen. Die Rauke waschen und trocknen.

3. Die Frühlingszwiebeln und den Thunfisch unter den Käse heben. Die Tarteletts aus dem Backofen nehmen, etwas auskühlen lassen und mit der Rauke auslegen. Die Thunfisch-Käse-Masse darauf verteilen und alles mit Dill und Zitronenscheiben garniert servieren.

Geflügelröllchen

1 Grillhähnchen
300 g Mixed Pickles aus dem Glas
Salz, Pfeffer
4 hart gekochte Eier
100 g Remoulade
3 El Crème fraîche
12 Salatblätter

Zubereitungszeit: ca. 20 Minuten
Pro Portion ca. 797 kcal/3347 kJ

1. Das Hähnchen entbeinen, die Haut abziehen und das Fleisch in Würfel schneiden. Die Mixed Pickles in einem Sieb abtropfen lassen, den Saft dabei auffangen und die Mixed Pickles klein schneiden.

2. Die Flüssigkeit der Mixed Pickles mit dem Fleisch in einen Topf geben und bei milder Hitze ca. 10 Min. ziehen lassen. Mit Salz und Pfeffer würzen. Die Eier pellen und in Würfel schneiden. Das Fleisch abgießen und abtropfen lassen.

3. Die Mixed Pickles und die Eiwürfel mit dem Fleisch in eine Schüssel geben und vermengen. Die Remoulade mit der Crème fraîche verrühren. Die Salatblätter waschen, trocknen und auf einer Arbeitsfläche ausbreiten. Das Fleisch darauf verteilen und mit der Remoulade bestreichen. Die Salatblätter aufrollen und zusammen auf einer Platte anrichten.

Garnelen-Spießchen

400 g Mandarinen aus der Dose
400 g gekochte Riesengarnelen (FP)
400 g Champignonköpfe

Hot Salsa, Dill-Sauce, Senf-Sauce

Zubereitungszeit: ca. 15 Minuten
Pro Portion ca. 211 kcal/886 kJ

1. Die Mandarinen in einem Sieb abtropfen lassen. Die Garnelen waschen und trocknen. Die Champignonköpfe putzen, waschen und trocknen.

2. Die Garnelen mit den Mandarinen und den Champignons abwechselnd auf Holzspieße stecken. Die Dips in Schälchen füllen und zu den Spießen servieren.

Feuriges Mexiko-Buffet

Mexikanische Gemüsesuppe

500 g Hühnerhälse
1 Bund Suppengrün
2 Zwiebeln, 1 Knoblauchzehe
Salz, Pfeffer
400 g Mexikanische Gemüsemischung aus der Dose
200 g Kidneybohnen aus der Dose
2 El Hot Salsa
1 Bund Koriandergrün
4 El Crème fraîche

Tortilla Chips

Zubereitungszeit: ca. 15 Minuten (plus Zeit zum Ziehen)
Pro Portion ca. 781 kcal/3282 kJ

1. Die Hühnerhälse mit dem Suppengrün in einen Topf geben. Die Zwiebeln schälen und in Würfel schneiden. Die Knoblauchzehe schälen und durchpressen. Beides zum Fleisch geben. Mit ca. 1 l Wasser auffüllen. Mit Salz und Pfeffer würzen. Bei milder Hitze ca. 40 Min. köcheln lassen.

2. Die Brühe dann durch ein Sieb gießen und wieder in einen Topf geben. Die Gemüsemischung und die Bohnen in einem Sieb abtropfen lassen und in die Brühe geben. Die Salsa zur Suppe geben und alles ca. 6 Min. bei milder Hitze ziehen lassen. Koriander waschen, trocknen und die einzelnen Blättchen abzupfen.

3. Kurz vor dem Servieren Koriander und Crème fraîche unterrühren. Mit Salz und Pfeffer abschmecken. Auf Tellern anrichten und die Tortilla Chips dazu servieren.

Pilz-Curry-Pastetchen

800 g Austernpilze
2 Zwiebeln
2 Knoblauchzehen
4 El Olivenöl
Salz
Pfeffer
1/4 Bund Petersilie
250 ml Gemüsebrühe
3 El Currypulver
8 Blätterteig-Pasteten
100 g Schmand

Petersilie zum Garnieren

Zubereitungszeit: ca. 30 Minuten
Pro Portion ca. 420 kcal/1767 kJ

1. Die Pilze putzen, waschen und klein schneiden. Die Zwiebeln schälen und in Würfel schneiden. Die Knoblauchzehen schälen und durchpressen.

2. Das Öl in einer Pfanne erhitzen und das Gemüse darin andünsten. Mit Salz und Pfeffer würzen. Die fein gehackte Petersilie dazugeben.

3. Nach ca. 4 Min. mit der Gemüsebrühe angießen. Mit dem Curry würzen und alles ca. 9 Min. bei milder Hitze köcheln lassen. Die Pasteten bei milder Hitze im Backofen vorwärmen.

4. Den Schmand unterrühren und alles in die vorgewärmten Pastetchen geben. Mit Petersilie garniert servieren.

Teufelsflügel

1 kg Hähnchenflügel
8 El Tomatenketchup
6 El Hot Salsa
2 Zwiebeln
2 Knoblauchzehen
Salz
Pfeffer
Paprikapulver
3 El Rotwein
3 El Olivenöl
3 El Butterschmalz

Zubereitungszeit: ca. 30 Minuten (plus Zeit zum Marinieren)
Pro Portion ca. 678 kcal/2850 kJ

1. Das Fleisch waschen, trocknen und die Haut an den Gelenken einritzen. Den Ketchup mit der Salsa in einer Schüssel verrühren.

2. Die Zwiebeln schälen und fein hacken. Die Knoblauchzehen schälen und durchpressen. Zwiebeln und Knoblauch mit der Ketchupmischung verrühren und mit Salz, Pfeffer und Paprika würzen.

3. Den Rotwein und das Öl unterrühren. Das Fleisch mit der Marinade bestreichen und ca. 20 Min. ziehen lassen.

4. Butterschmalz in einer Pfanne erhitzen und das Fleisch darin ca. 10 Min. braten. Zu den Flügeln verschiedene Gemüsesticks und Mango-Chutney servieren.

Der Gipfel der Genüsse

Desserts, Plätzchen, Kuchen – was wäre ein Festmahl ohne Dessert? Vollenden Sie Ihren kulinarischen Einstand mit einem Feuerwerk des Genusses. Tiefgefroren oder sahnig, fruchtig oder locker und leicht: Variieren Sie nach Lust und Laune, den Möglichkeiten sind zum krönenden Abschluss Ihres gelungenen Einstiegs in die Welt der Gaumenfreuden keine Grenzen gesetzt.

Gewürz-Halbgefrorenes

1 l Rotwein
250 g Ananasscheiben aus der Dose
250 g Mandarinen aus der Dose
1 unbehandelte Zitrone
150 g brauner Rohrzucker
2 Beutel Glühweingewürz

Zitronenmelisse zum Garnieren

Zubereitungszeit: ca. 25 Minuten (plus Zeit zum Gefrieren)
Pro Portion ca. 481/2021 kJ

1. Den Wein in einen Topf geben. Die gewürfelten Ananas und die Mandarinen mit Saft dazugeben. Zitrone waschen, trocknen und in dünne Scheiben schneiden. Mit dem Zucker zum Wein geben.

2. Das Ganze aufkochen und ca. 6 Minuten bei milder Hitze ziehen lassen. Dann das Glühweingewürz dazugeben und alles weitere 5 Minuten ziehen lassen.

3. Anschließend alles durch ein Sieb gießen und die Flüssigkeit in eine Schüssel geben. Das Ganze ca. 6 Stunden durchfrieren lassen. Hin und wieder mit einer Gabel durchrühren.

4. Das Halbgefrorene in Gläser füllen und mit Früchten und Zitronenmelisse garniert servieren.

TIPP
Halbgefrorenes oder Sorbet lässt sich mit fast allen Früchten mit Flüssigkeit zubereiten. Sie können aber auch Eis auf Wasserbasis z.B. Zitroneneis fertig kaufen, es mit Sekt und Wodka verrühren und kurz frosten.

Creme mit Schoko

4 Eier
100 g brauner Rohrzucker
1 El Vanillezucker
100 ml Orangensaft
2 El Orangenlikör
500 ml Schokoladensauce
100 g Sahne

Zitronenmelisse zum Garnieren

Zubereitungszeit: ca. 20 Minuten
Pro Portion ca. 735 kcal/3087 kJ

1. Die Eier trennen. Das Eigelb mit der Hälfte des Zuckers und dem Vanillezucker in einer Schüssel verrühren. Den Orangensaft langsam unterrühren.

2. Einen großen Topf zur Hälfte mit Wasser füllen und erhitzen. Die Eimasse in der Schüssel in dem Wasserbad unter Rühren erwärmen bis sie cremig wird. Das Eiweiß mit dem restlichen Zucker steif schlagen.

3. Den Orangenlikör langsam unterrühren. Das Eiweiß vorsichtig unter die noch warme Creme heben. Die Schokoladensauce nach Packungsanweisung zubereiten. Die Sahne steif schlagen und 7 El unterheben.

4. Die Creme in Gläsern anrichten und mit der Schokoladensauce verzieren. Das Ganze mit der restlichen Sahne und Zitronenmelisse garniert servieren.

TIPP

In Rezepten können Sie sowohl die Bezeichnung Vanillezucker als auch Vanillinzucker finden. Das ist kein Schreibfehler, sondern es handelt sich um zwei verschiedene Dinge: Vanillezucker ist eine Mischung mit fein gemahlener Vanille. Dieser „echte" Vanillezucker ist sehr aromatisch, aber auch etwas teurer als der mit künstlichem Aroma hergestellte Vanillinzucker.

Himbeer-Birnen-Kompott

4 Birnen
250 ml Roséwein
2 cl Himbeergeist
4 El brauner Rohrzucker
4 El Paniermehl
3 El Butter

4 El Schmand
Zitronenmelisse zum Garnieren

Zubereitungszeit: ca. 30 Minuten
Pro Portion ca. 328 kcal/1380 kJ

1. Die Birnen waschen, schälen, längs halbieren, entkernen und würfeln. Den Wein und den Himbeergeist in einen Topf geben und die Birnen darin ca. 8 Minuten bei milder Hitze ziehen lassen.

2. Den Backofen auf 180 °C vorheizen. Die Birnen mit einer Gabel zerdrücken und alles in vier ofenfeste Förmchen geben. Den Zucker mit dem Paniermehl mischen und über die Fruchtmasse geben.

3. Alles mit Butterflöckchen belegen und im Backofen auf der mittleren Einschubleiste ca. 15 Minuten backen. Mit jeweils 1 El Schmand und etwas Zitronenmelisse garnieren und servieren.

Milchreis mit Blaubeeren

500 g Blaubeeren
1 l Milch
2 El Butter
2 El Rohrzucker
1 Tl Vanillepulver
1 Tl Zimtpulver
250 g Rundkornreis

Zitronenmelisse zum Garnieren

Zubereitungszeit: ca. 30 Minuten
Pro Portion ca. 587 kcal/2465 kJ

1. Die Blaubeeren waschen und trocknen. Die Milch mit der Butter in einen Topf geben. Den Zucker, das Vanillepulver und das Zimtpulver dazugeben und aufkochen lassen.

2. Den Reis dazugeben und bei milder Hitze ca. 20 Minuten ausquellen lassen. Der Reis ist fertig, wenn die Milch ganz aufgesogen wurde. Auf Tellern anrichten und die Blaubeeren darauf geben.

3. Den Milchreis mit etwas Rohrzucker, Zimtpulver und Zitronenmelisse garnieren und servieren. Das Gericht kann sowohl kalt als auch warm serviert werden.

Windbeutel „Dolce vita"

2 Mangos
2 cl Mandellikör
400 g Frischkäse
2 Päckchen Vanillezucker
200 g Joghurt
3 El Sahne
4 El Mandelblättchen
16 kleine italienische Windbeutel (FP)
3 El Aprikosenmarmelade

1/2 Bund Zitronenmelisse zum Garnieren

Zubereitungszeit: ca. 25 Minuten
Pro Portion ca. 407 kcal/1712 kJ

TIPP

„Bignè" heißen die knusprig-zarten kleinen Windbeutel aus Italien. Sie werden in gut sortierten Supermärkten angeboten. Diese handlichen kleinen Häppchen sind schnell mit Obst, Pudding und anderen Leckereien gefüllt und lassen sich prima vorbereiten. Wer einmal auf den Geschmack gekommen ist, kommt von diesen kleinen Leckerbissen nicht mehr los.

1. Die Mangos schälen, längs halbieren, den Kern entfernen und das Fruchtfleisch in kleine Würfel schneiden. Mit dem Mandellikör beträufeln und ca. 10 Minuten ziehen lassen.

2. Inzwischen den Frischkäse mit Vanillezucker, Joghurt und Sahne in einer Schüssel verrühren. Die Mandelblättchen in einer Pfanne ohne Fett anrösten. Die Mangos unter die Käsemasse heben.

3. Von den Windbeuteln jeweils einen Deckel abschneiden und die Frischkäsecreme einfüllen. Den Deckel wieder aufsetzen.

4. Alles mit der Marmelade bestreichen und mit den Mandelblättchen und der Zitronenmelisse garniert auf einer Platte servieren.

Kernige Hafermakronen

1. Die Haferflocken mit der Butter und dem Aroma in einer Pfanne ca. 3 Minuten unter Rühren braten. Die Eier mit Zucker, Vanillezucker und Sirup in einer Schüssel mit dem Schneebesen aufschlagen.

2. Die Haferflocken mit den Eiern vermengen und Backpulver, Mehl und die Gewürze dazugeben. Die Walnüsse unterheben. Ein Backblech mit Backpapier auslegen und kleine Häufchen darauf geben

3. Das Ganze bei Zimmertemperatur ca. 30 Minuten stehen lassen. Den Backofen auf 180 °C vorheizen und die Makronen auf der mittleren Einschubleiste ca. 15 Minuten backen. Mit Puderzucker bestäubt servieren.

150 g Vollkornhaferflocken
150 g Butter
1 El Orangenschalenaroma
3 Eier
150 g brauner Rohrzucker
40 g Vanillezucker
5 El Ahornsirup
1 Tl Backpulver
200 g Mehl
Je 1/2 Tl Zimt-, Kardamom- und Anispulver
200 g gehackte Walnusskerne
Puderzucker

Zubereitungszeit: ca. 25 Minuten
Pro Portion ca. 1133 kcal/4758 kJ

Trauben-Schmand-Pie

1. Die Trauben waschen, halbieren und entkernen. In eine Schüssel geben und mit dem Saft und dem Weinbrand beträufeln. Ca. 10 Minuten ziehen lassen. Den Backofen auf 180 °C vorheizen.

2. Inzwischen die Eier in einer Schüssel aufschlagen. Die Stärke dazugeben. Den Schmand mit der Sahne verrühren, mit den Gewürzen abschmecken und ebenfalls hineingeben.

3. Eine Pie-Form mit Butter ausstreichen und die Masse einfüllen. Das Ganze glatt streichen und mit den Traubenhälften belegen. Die Sonnenblumenkerne darüber streuen und den Pie im Backofen auf der mittleren Einschubleiste ca. 50 Minuten backen. Anschließend etwas abkühlen lassen und lauwarm servieren.

- 400 g blaue Trauben
- 5 El Traubensaft
- 2 cl Weinbrand
- 4 Eier
- 100 g Stärkepulver
- 500 g Schmand
- 2 El Sahne
- Je 1/2 Tl Anis-, Ingwer- und Nelkenpulver
- Butter für die Form
- 50 g Sonnenblumenkerne

Zubereitungszeit: ca. 15 Minuten (plus Backzeit)
Pro Portion ca. 629 kcal/2644 kJ

Sahnige Pfirsich-Schnitten

Mehl zum Ausrollen
350 g Blätterteig (TK)
500 g Pfirsichhälften aus der Dose
300 g Sahnequark
3 El Rum
1 El Zitronensaft
100 g Borkenschokolade

Zubereitungszeit: ca. 25 Minuten
Pro Portion ca. 692/2909 kJ

1. Eine Arbeitsfläche mit Mehl bestäuben. Die aufgetauten Teigplatten übereinander legen, ausrollen und in 12 Rechtecke schneiden. Die Pfirsiche in einem Sieb abtropfen lassen, den Saft auffangen.

2. Ein Backblech mit Backpapier auslegen und den Backofen auf 220 °C vorheizen. Die Blätterteigplatten auf das Backblech legen, dabei kleine Zwischenräume lassen.

3. Die Platten mit einer Gabel mehrmals einstechen und im Backofen auf der mittleren Einschubleiste ca. 15 Minuten backen. Inzwischen die Pfirsiche in Stücke schneiden und mit dem Quark verrühren.

4. Den Rum und den Zitronensaft dazugeben. Sollte die Quarkmasse nicht geschmeidig genug sein, einfach etwas Pfirsichsaft unterrühren. Die Teigstücke abkühlen lassen, die Hälfte der Stücke mit der Quarkmasse bestreichen und mit der Borkenschokolade bestreuen. Mit den übrigen Teigstücken abdecken und servieren.

TIPP

Die Schnitten lassen sich auch prima mit anderen Früchten wie Mandarinen, Erdbeeren oder Lychees herstellen. Wer möchte, dekoriert das Ganze dann noch mit Sprühsahne.

Feine Reisplätzchen

150 g Rundkornreis
200 ml Kokosmilch
100 ml Milch
Je 1/2 Tl Ingwer-, Zimt-, Nelken- und Anispulver
4 Pomelos
4 El Honig
3 El brauner Rohrzucker
200 g Kokoscreme
100 g Crème double
2 El Butterschmalz

Puderzucker zum Bestäuben

Zubereitungszeit: ca. 45 Minuten
Pro Portion ca. 393 kcal/1650 kJ

1. Den Rundkornreis nach Packungsanweisung in der Kokosmilch und der Milch garen. Die Gewürze dazugeben. Die Pomelos schälen, dabei die weiße Haut entfernen.

2. Die einzelnen Filets mit einem scharfen Messer heraustrennen. Das Fruchtfleisch mit dem Schneidstab des Handrührgerätes pürieren. Honig, Zucker, Kokoscreme und Crème double dazugeben und gut mischen.

3. Butterschmalz in einer Pfanne erhitzen und aus dem Milchreis portionsweise Plätzchen backen.

4. Die Plätzchen jeweils mit Pomelocreme bestreichen und mit einem zweiten Plätzchen bedecken. Mit Puderzucker bestreut servieren.

TIPP
Pomelo ist eine Kreuzung aus Grapefruit und Pampelmuse. Ihr besonders saftiges Fruchtfleisch ist gelb bis rosafarben. Die Frucht ist reif, wenn die Schale leicht schrumpelig ist.

Obst-Kokos-Waffeln

1. Die Butter in einem Topf schmelzen und anschließend abkühlen lassen.

2. Die Eier trennen und das Eigelb mit der Kokoscreme und dem Frischkäse verrühren. Nach und nach das Reismehl unterrühren und den Ananassaft dazugeben. Das Eiweiß steif schlagen und vorsichtig unter den Waffelteig heben.

3. Ein Waffeleisen einfetten und darin portionsweise die Kokoswaffeln ausbacken.

4. Inzwischen die Bananen schälen und in Scheiben schneiden. Mit Sirup, Zitronensaft und Kokoschips verrühren.

5. Die Bananen mit den Waffeln auf Tellern anrichten und mit Zitronenmelisse garniert servieren.

80 g Butter
4 Eier
100 g Kokoscreme
50 g Frischkäse
200 g Reismehl
250 ml Ananassaft
Fett für das Waffeleisen
3 Bananen
2 El Ahornsirup
3 El Zitronensaft
4 El Kokoschips

Zitronenmelisse zum Garnieren

Zubereitungszeit: ca. 50 Minuten
Pro Portion ca. 545 kcal/2290 kJ

Rezeptverzeichnis